SOBRE A TEORIA DA INSTRUÇÃO

SOBRE A TEORIA DA INSTRUÇÃO

JEROME S. BRUNER

Título original em inglês: *Toward a theory of instruction*
Copyright © 1966 by the President and Fellows of Harvard College
Direitos adquiridos para Língua Portuguesa pela Ph Editora Ltda.
1ª edição brasileira – 2006

Rua 13 de Maio, 598 – Bela Vista – São Paulo – SP
CEP: 01327-000 – Brasil
Tel/Fax: (11) 3141-1033
Site: www.phorte.com   E-mail: phorte@terra.com.br

Produção e Supervisão Editorial: Fábio Mazzonetto
Gerente Editorial: Sérgio Roberto Ferreira Batista
Gerente de Arte: Fabio Valério
Assistente Editorial: Felipe Freires Carvalho
Revisão: Marcela Mitie de Souza Magari
Projeto Gráfico e Editoração Eletrônica: Natália Tallavasso
Capa: Márcio Maia
Impressão: Prol

Nenhuma parte deste livro pode ser reproduzida ou transmitida de qualquer forma ou por quaisquer meios eletrônico, mecânico, fotocopiado, gravado ou outro, sem autorização prévia por escrito da Ph Editora Ltda.

Este livro foi catalogado no SNEL

ISBN: 85-99860-05-4

Impresso no Brasil
Printed in Brazil

Em memória de Francis Friedman,
cuja visão nos ajudou a enxergar.

Apresentação à Edição Brasileira

A obra de Jerome S. Bruner é bastante conhecida e estudada no Brasil. Reconhecidas como cognitivistas, suas posições sobre a aprendizagem humana mostram-nos o conhecimento como uma conquista gradual, que serve ao homem como um instrumento para decifrar o meio que o cerca (transformando-o e dominando-o), bem como para a solução de problemas, a conceituação de realidade observada (através de sistemas de representação adequados), o raciocínio e o reconhecimento perceptíveis.

Neste livro, Jerome Bruner nos apresenta os reflexos dessas concepções na sala de aula, descrevendo, a cada capítulo, os estudos que fundamentam sua "Teoria da Instrução". Enquanto as demais obras do autor esmiuçavam, com o devido rigor, seus conceitos sobre o desenvolvimento e a aprendizagem, os textos aqui reunidos nos oferecem um amplo repertório de descobertas a partir de investigações realizadas em sala de aula sobre a aprendizagem dos alunos. Preocupado com a eficiência do ensino, neste *Teoria da Instrução*, o autor encaminha proposições pedagógicas que, conforme verificou no campo, potencializam a aprendizagem dos alunos.

O leitor atento poderá verificar que a "Teoria da Instrução" leva em consideração a curiosidade do aluno e a importância da ação docente como estimulante à essa curiosidade. Nela, Bruner atribui um papel de destaque às formas como as crianças representam o mundo com o qual interagem, partindo da ação até a utilização sofisticada de símbolos.

Na "Teoria da Instrução", ao propor situações desafiadoras aos alunos, o professor fará surgir dúvidas, somente sanadas com a interação das crianças com o tema de ensino e o modo com o qual esse tema lhes é apresentado. Assim, o desenho curricular assume um papel fundamental na aprendizagem.

Este livro contempla também um aspecto muito interessante das investigações de Bruner, e que, à época, causaram polêmica no ambiente acadêmico: os seus procedimentos de ensino e pesquisa junto às crianças que apresentavam dificuldades de aprendizagem ou que vivenciaram fracassos escolares. Esses estudos, ricamente descritos no livro, permitiram ao autor ampliar o conceito de descoberta, acrescentando-lhe todas as formas de busca de conhecimentos pelo aluno. O leitor poderá verificar que tal posicionamento refletirá em inúmeros benefícios cognitivos, afetivos e sociais aos estudantes.

Outra descoberta importante de Bruner também é descrita aqui. O psicólogo observou, na prática, que a eficiência na aquisição dos processos cognitivos (e seu posterior desenvolvimento) não se dava, de forma alguma, de maneira igual de pessoa para pessoa. Portanto, cada indivíduo assimila informação em tempos e ritmos diferentes, de acordo com seus respectivos potenciais e capacidades; e, como única condição comum, a aprendizagem exige que o indivíduo seja constantemente colocado em uma situação ativa.

Os conceitos discutidos neste *Teoria da Instrução* provavelmente despertarão o leitor para a devida atenção a todos os detalhes do currículo escolar, isto é, a estruturação das matérias de ensino, a seqüência de apresentação dos temas, o despertar da predisposição para aprender (curiosidade), o papel do reforço pelo professor e o nível dos conhecimentos do professor sobre os temas ensinados.

Sem dúvida, ao propor-se a publicação de uma edição em Língua Portuguesa da *Teoria da Instrução,* de Jerome S. Bruner, a Ph Editora presta um grande serviço aos estudantes e professores luso-falantes no que tange ao acesso às propostas do importante psicólogo para a ação pedagógica.

Como educador que cultiva a liberdade de idéias pedagógicas e valoriza a divulgação e diversidade de conhecimentos científicos sobre a pesquisa em sala de aula, acredito que a leitura da presente obra poderá constituir-se em um enriquecimento aos conhecimentos disponíveis sobre as práticas escolares.

Marcos Garcia Neira
Docente e Pesquisador da Faculdade de
Educação da Universidade de São Paulo

Prefácio

Este livro foi concebido em um período de cinco anos. Todos os ensaios passaram por um processo de metamorfose. A primeira prova de cada um destes ensaios levou à modificação de outros e, no final, provavelmente eu os tenha fundido. À exceção do último, todos foram revisados no mínimo três vezes de forma recíproca; outros, revisei seis vezes. E embora estes ensaios tenham sido escritos "separadamente", eles viveram longamente na comunidade dos meus pensamentos. A unidade que eles possuem é o resultado de décadas na tentativa de resolver os problemas por eles apresentados.

Não são artigos científicos, embora o eco das preocupações técnicas os transpasse. Tampouco são artigos casuais, pois foram produzidos sob a pressão da necessidade prática.

Durante os anos em que foram escritos, engajei-me não apenas em pesquisa e desenvolvimento, mas também no ensino de jovens em sala de aula, na construção curricular e até na edição de filmes voltados para a educação de professores. Em resumo, ocupei-me com tarefas práticas da educação pública. Também servi no Departamento Público de Desenvolvimento e Pesquisa em Educação na Casa Branca, estimulado por várias hipóteses propostas pelo nosso exigente diretor, Jerrold Zacharias. Os ensaios são, de fato, o esforço de um estudante do processo cognitivo que busca compreender os problemas da educação.

Partes destes ensaios, e aqueles fundidos no processo de confecção, foram transmitidos em diversas ocasiões: na conferência Sigma Xi, ocorrida em Yale (1965); no discurso presidencial na Sociedade para o Estudo Psicológico de Questões Sociais (1964); na Associação Americana de Psicologia (1965); como discurso no Serviço Educacional para Exames, em Princeton (1964); na conferência para o Ruth Tolman Memorial (1965); na conferência na Jennings Scholar, em Cleveland (1964); na conferência na *Eaton – Siracuse University* (1963); como palestra no Colóquio do Centro de Estudos Cognitivos (1964); como discurso na Conferência Nacional do Conselho de Professores de Inglês (1963).

Alguns temas expressos em vários ensaios surgiram em meus pensamentos como resultado da discussão ocorrida na conferência patrocinada pelo Comitê Presidencial Deliberativo de Ciência e pelo Conselho de Pesquisa e Desenvolvimento Educacional, sobre os temas aprendizado e desenvolvimento. A conferência foi realizada em Harvard, durante uma quinzena do verão de 1963, patrocinada por recursos da Fundação Nacional de Ciência e do Escritório Americano de Educação. Os anais serão publicados em 1966, pela última organização citada, sob minha edição, com o título *Aprendendo a aprender*.

Nenhum dos ensaios já foi publicado em sua presente forma. Em versões anteriores, *Enfrentamento e defesa* saiu em francês sob o título *Affrontement et defensé* no *Journal des Psychologie Normale et Pathologique*, no inverno de 1961; "Educação como invenção social" foi publicado no *Journal of Social Issues*, vol. 20, n.3; "Notas sobre a teoria da instrução", no trigésimo sexto anuário da Sociedade Nacional para o Estudo da Educação, Parte I, Teorias de aprendizado e instrução (Chicago, 1964); "O ser humano: um curso de estudo", no ESI *Quartely Report*, na primavera-verão 1965. Sou grato pela permissão de utilização desses textos.

Aproveito esta oportunidade para expressar meu débito com várias pessoas, como, por exemplo, meu colega professor George A. Miller, que não possui interesse especial pelas questões pedagógicas. Acredito que sua forma de pensar, no entanto, é muito relevante e cativante. Meus colegas professores Elting Morison, Franklin Paterson e Morton G. White, que me ensinaram muito sobre os problemas da educação. Muitos colegas com quem tive a oportunidade de trabalhar intimamente nos últimos anos e que me foram de grande auxílio, particularmente Dr. David McNeill, Dra. Mary Henle, Dra. Margaret Donaldson, Sr. Norman Ross e Sra. Blythe Clinchy.

Existem pessoas com as quais me tornei invisivelmente unido em um tipo de monólogo interno: os meus amigos de sempre. Já mencionei Jerrold Zacharias, mas devo somar a ele David Hawkins, Phillip Morrison, Irmã Jacqueline Grennan, David Page, Frank Brown e Robert Davis.

Dedico esse livro ao professor Francis Friedman, ex-professor de Física do Instituto de Tecnologia de Massachussetts. Percebo hoje, em retrospectiva, que foi a sabedoria paciente de suas questões que me conscientizaram sobre o que deve conter uma teoria da instrução. Sua morte nos deixou mais cegos do que poderíamos ser.

Gostaria de expressar meus agradecimentos àqueles que fizeram meu trabalho e vida possíveis durante o período em que esses ensaios foram escritos. A pesquisa de currículo descrita nessas páginas foi financiada pela Fundação Ford e pela Fundação Nacional de Ciências, com recursos do Serviço Educacional. Fundos do Instituto de Saúde Mental, do Escritório de Educação e da Carnegie Corporation para o Centro de Estudos Cognitivos de Harvard financiaram muito das minhas próprias pesquisas. Tenho débito particular com a Universidade de Harvard pelo ano em que passei trabalhando com problemas pedagógicos. Tive o prazer de ser, durante um mês, na primavera de 1965, professor visitante da *University of Aix-en-Provence*, onde fui capaz de terminar muito do que reescrevi para este livro e discutir seus conteúdos com colegas daquela instituição.

O Centro de Estudos Cognitivos, em Harvard, foi mais paciente, permitindo-me visitar Cambridge por um ano, sem nunca interferir no meu tempo ou energia. O professor George Miller se encarregou das minhas obrigações, o Sr. Lou Batter e a Sra. Ellen Plakans mantiveram o navio abastecido.

Dedico este livro à Sra. Maud Wilcox, diretora executiva da *Harvard University Press*, por ter sido fonte constante de sabedoria e encorajamento nos estágios finais de redação do livro, e, como sempre, à minha esposa, cuja parceria e diálogo auxiliaram a dar forma às minhas idéias.

Jerome Bruner
Cambridge, Massachussetts
7 de Novembro de 1965

Sumário

Capítulo 1

Padrões de Crescimento　　15

Capítulo 2

Educação como Invenção Social　　35

Capítulo 3

Notas Sobre a Teoria da Instrução　　51
A NATUREZA DA TEORIA DA INSTRUÇÃO　　51
PREDISPOSIÇÕES　　54
A ESTRUTURA E A FORMA DO CONHECIMENTO　　55
A SEQÜÊNCIA E SEUS USOS　　60
A FORMA E O RITMO DO REFORÇO　　61
EXEMPLIFICAÇÕES SELECIONADAS SOBRE A MATEMÁTICA　　64
ATIVANDO A SOLUÇÃO DE PROBLEMAS　　68
ESTRUTURA E SEQÜÊNCIA　　69
REFORÇO E RETROALIMENTAÇÃO　　78
ALGUMAS CONCLUSÕES　　79

Capítulo 4

O Ser Humano: um Curso de Estudo　　83
A ESTRUTURA DO CURSO　　84
LINGUAGEM　　86
A CONFECÇÃO DE FERRAMENTAS　　90
ORGANIZAÇÃO SOCIAL　　92
EDUCAÇÃO INFANTIL　　95
VISÃO DE MUNDO　　96
PEDAGOGIA　　101
A FORMA DO CURSO　　104

Capítulo 5
Ensinando Uma Língua Nativa   109

Capítulo 6
A Vontade de Aprender   119

Capítulo 7
Sobre Enfrentar e Defender   133

Capítulo 8
Um Retrospecto Sobre o Fazer e o Julgar   151
    A PSICOLOGIA DO CONTEÚDO   155
    PENSAMENTOS NA SALA DE AULA   158
    A PERSONALIZAÇÃO DO CONHECIMENTO   161
    AVALIAÇÃO   163

Capítulo 1

Padrões de Crescimento

Instrução é um esforço para auxiliar ou moldar o crescimento. No planejamento da instrução para jovens, aconselha-se, enfaticamente, ignorar o que se conhece acerca do crescimento, seus limites e suas oportunidades. A teoria da instrução, e esse livro é uma série de exercícios a respeito de tal teoria, é de fato uma teoria sobre como o crescimento e o desenvolvimento são auxiliados por diversos meios.

É oportuno que comecemos com o problema do crescimento e seus padrões. O tema ainda não é bem compreendido, mas é evidente que há um emergente grupo de disciplinas que um dia constituirão "as ciências do crescimento", todos esses campos de estudo interessados em entender e facilitar o processo no qual os seres humanos passam velozmente de um estado de total desamparo para um de controle, o que para nossos antepassados equivaleria a ter um fantástico controle do ambiente.

As ciências do crescimento seguramente não "estagnarão na superfície", por razões abundantemente claras: sem cultura, o homem, enquanto espécie, reinventaria a linguagem e a tecnologia, o que tornaria possível a expressão do seu poder, mas o crescimento do ser humano "culturalmente despido" poderia proporcionar uma imagem totalmente diferente.

Cada cientista aborda o problema de seu ponto de vista e, felizmente, são muitos os pontos de vista. Seria bom se eu iniciasse por algo autobiográfico e traçasse as considerações que levaram a mim e a vários outros colegas ao envolvimento no estudo do desenvolvimento de tais processos cognitivos na forma de resolução de problemas, conceitualização, reflexão e reconhecimento perceptivo. Após trabalhar na questão da obtenção de conceito, que são estratégias pelas quais as pessoas descobrem a equivalência das coisas ao seu redor, fiquei extremamente impressionado com a qualidade lógica ou "racional" de conceitualização do ser humano adulto. Enquanto a eficiência da conceitualização de nossos indivíduos não era notavelmente alta, perdendo informação por meios totalmente não-puritanos, eles pareciam realizar a tarefa de buscar informação de forma refletida no reconhecimento das regularidades ambientais complexas, de sua própria capacidade limitada de processar informações e do risco de fazer certas suposições e escolhas.

Estratégias sistemáticas poderiam ser distinguidas no comportamento com qualidade e traços de rotinas bem praticados e governados por regras. O mesmo poderia ser dito sobre o comportamento de pessoas cujos processos de reconhecimento perceptivo estudei durante anos, antes e durante o trabalho de conceitualização. Seres humanos adultos normais não utilizam somente sugestões mínimas providenciadas por segundos de exposição ao estímulo, mas também como base na qual chegam rapidamente a conclusões previsíveis. Uma grande parte da percepção envolve ir além da informação dada por meio da confiança em um modelo de classificação de eventos, o que torna possível a interpolação, extrapolação e predição. A prontidão na percepção reflete não somente a estrutura do estímulo – suas características redundantes, para empregar um termo menos ambíguo –, mas também a probabilidade de ocorrência dos eventos em um dado contexto.

Mesmo quando o contexto é limitado ao mínimo, no reconhecimento de simples palavras apresentadas de forma breve, a velocidade do reconhecimento tem correlação notável, em limites estritos, com a probabilidade da ocorrência dessas palavras em materiais impressos. O *Word Book* de Thorndike-Lorge foi proclamado *best-seller* entre os estudantes de percepção!

Pode ser que meu espanto frente a toda essa regularidade racional fosse minha reação a uma fase anterior, na qual me impressionei profundamente pelo papel dos fatores motivacionais na percepção. De qualquer forma, afeto e constrangimento operam em fronteiras estreitas na percepção e no pensamento, e, embora manifestações neuróticas ou de autismo sejam evidentes em qualquer lugar, elas não operam no processo de percepção ou pensamento por si, assim como impedem esses processos de seguir seu curso. Mesmo psicóticos hospitalizados podem pensar, mesmo como vítimas que são da excelente capacidade de racionalização que possuem e da estrutura entrelaçada das suas desilusões. Meu bom, amigo, professor Gordon Allport, foi o primeiro, entre todas as pessoas, a me acusar de racionalismo. Talvez a linha do meu livro *A Study of Thinking*[1] o tenha induzido.

De qualquer forma, a fase seguinte, depois da publicação do livro citado, foi a investigação das origens da atividade cognitiva humana, sendo o resultado o primeiro de uma série de falsos inícios, que colaboraram para dar-me alguma convicção sobre o adequado estudo do desenvolvimento intelectual. O primeiro início foi motivado por uma busca pelo irracional após uma longa sessão apoloniana.

Por dois anos, enquanto trabalhávamos em outros projetos, vários de nós realizaram um estudo no *Judge Baker Guidance Center* (Centro de Orientação Juiz Baker), sobre a natureza do bloqueio de aprendizado em crianças. Argumentávamos que, se estudos patológicos sobre deterioração cerebral lançaram luz sobre a função cognitiva, estudos sobre o desenvolvimento intelectual atrasado poderiam esclarecer o processo de desenvolvimento intelectual. Com efeito, ministramos terapia para crianças e lhes demos suporte especial com suas dificuldades escolares.[2]

Descobrimos, então, um ponto de especial valor para minhas futuras investigações. Uma aguda distinção deve ser feita entre o comportamento que enfrenta as exigências e o comportamento que está estruturado para defender-se da tentativa de resolução de um problema. Essa distinção é aquela que se faz necessária entre a atividade de jogar tênis, por exemplo, e a de lutar de todas as formas para se manter fora da quadra. O último comportamento não é uma versão distorcida do primeiro, mas uma atividade diferente, governada por um objetivo e necessidades diferentes. A "distorção" na atividade de aprender das crianças desventuradas que estudamos e tentamos auxiliar não era tanto uma distorção, mas o resultado do trabalho delas em um conjunto diferente de problemas em relação àqueles que lhes eram apresentados pela escola. Sobre elas, é plausível afirmar o que David Page asseverou sobre o aprendizado da matemática: quando crianças respondem errado, não quer dizer que estejam sempre erradas, mas que responderam a

---

[1] Bruner, J.S.; Goodnow, J.J.; Austin, G. A. *A Study of Thinking*. New York: John Wiley, 1956.
[2] Nosso débito com Professor George Gardner, diretor do centro, é enorme.

outra questão. Portanto, o trabalho é descobrir a qual questão elas estão respondendo. Quando as crianças com bloqueio tinham a oportunidade de desempenhar o problema como um conjunto, o que acontecia sempre que conseguíamos dar a elas a chance de enfrentamento do problema livre de conflito, o desempenho era semelhante ao das outras crianças, embora quase sempre com menor grau de habilidade, porque elas não aprenderam totalmente a lidar com o instrumental técnico dos temas que deveriam tomar conhecimento. Essa experiência nos tirou da rota de estudos posteriores sobre distúrbios do comportamento, já que nosso objeto de estudo era como lidar com os problemas, e não como evitá-los. Embora o tópico sobre evitar problemas fosse valioso para um melhor entendimento do processo patológico, estudá-lo traria pouca informação sobre todo o processo de crescimento. Nós nos debateríamos em estudos sobre como as crianças aprendem a evitar o aprendizado, o que não era nossa intenção (embora eu discorra sobre esse tema posteriormente). Desta forma, passei a trabalhar na outra ponta do *continuum*, isto é, como as pessoas alcançam seu potencial mais elevado. Assim, em poucos anos, vi-me profundamente envolvido com as questões educacionais.

Isso é o suficiente como introdução. Tratemos um pouco agora sobre o que envolve o crescimento intelectual. É fácil selecionar uma teoria para explicar modificações no comportamento como um instrumento para descrever crescimento, porém, há tantos aspectos sobre o crescimento que nenhuma teoria consegue localizar algo que possa explicá-lo bem. Provavelmente, a melhor forma de safar-se de cavar túneis ao redor do tema seja fixar algumas marcas de referência sobre a natureza do crescimento intelectual ao invés de medir o esforço de alguém em explicá-la. Minha lista incluiria o seguinte:

1. *O crescimento se caracteriza pela elevação da independência da resposta em relação à natureza imediata do estímulo.* Grande parte do que a criança faz é previsível, a partir do conhecimento dos estímulos que lhe são impostos no momento em que ela responde ou imediatamente antes da resposta. Uma grande proporção do crescimento consiste na capacidade da criança em manter uma resposta invariável frente às modificações do ambiente estimulador ou apren-

der a alterar sua resposta na presença de uma ambiente estimulador invariável. Ela ganha liberdade em relação ao controle dos estímulos por meio do processo de medição, que é como esse processo passou a ser denominado atualmente, que transforma o estímulo antes da resposta.

2. *Alguns dos processos de mediação necessitam de uma demora considerável entre o estímulo e a resposta.* A teoria do crescimento, que não leva em consideração esses processos de mediação e a natureza das transformações que eles possibilitam, não é muito interessante do ponto de vista psicológico.

3. *O crescimento depende da internalização dos eventos em um "sistema de armazenamento" que corresponda ao ambiente.* Esse sistema possibilita à criança aumentar a habilidade de ir além da informação encontrada em uma ocasião. Ela faz isso realizando predições e extrapolações do seu modelo armazenado do mundo.

4. *O crescimento intelectual envolve a capacidade crescente de dizer para si mesmo e para os outros, por meio de palavras ou símbolos, o que foi feito ou será realizado.* Essa autoconsciência permite a transição do comportamento meramente ordenado para o comportamento lógico. Esse é o processo que leva ao eventual reconhecimento da necessidade lógica, o chamado modo analítico dos filósofos, e conduz os seres humanos para além da adaptação empírica.

5. *O desenvolvimento intelectual depende de uma interação sistemática ou eventual entre o tutor e o aprendiz,* sendo que o tutor está preparado com um leque amplo de técnicas previamente inventadas que ele ensina às crianças. Embora seja óbvio que a criança nasce em uma cultura, e é formada por ela, não é claro como a teoria psicológica do desenvolvimento cognitivo trata este fato. Além disso, é necessário considerar as várias relações sistemáticas que uma cultura proporciona para lidar com a relação tutor-pupilo: a família, as figuras de identificação especial, os professores, os heróis etc.

6. *O ato de ensinar é vastamente facilitado por meio da linguagem, que não é somente um meio de trocas, mas o instrumento que o aprendiz pode utilizar para trazer ordem ao ambiente.* A natureza da linguagem e as funções a que ela serve têm, obrigatoriamente, que fazer parte de qualquer teoria do desenvolvimento cognitivo.

7. *O desenvolvimento intelectual é marcado pelo aumento da capacidade de lidar com várias alternativas simultaneamente, tendendo a muitas seqüências concomitantes, e alocar tempo e atenção de forma apropriada a essas demandas.* Há uma grande distância entre a mente de raciocínio linear da jovem criança e a habilidade de uma criança de dez anos relacionar-se com um mundo extraordinariamente complexo.

Isso formará uma lista mínima, ou talvez muito longa, sendo que vários itens dela se sobrepõem. No momento, farei referência a algumas noções teóricas específicas e a poucos experimentos para ilustrá-las com o intuito de ver o que pode ser dito sobre as questões que descrevemos.

Em primeiro lugar, preciso ordenar uma questão que é central na teoria do desenvolvimento. É inquestionável que a uma das figuras mais expressivas no campo do desenvolvimento cognitivo tenha sido Jean Piaget.[3] Nós e as futuras gerações seremos gratos por seu trabalho pioneiro. Piaget, no entanto, é freqüentemente interpretado de forma errônea por aqueles que pensam que sua principal missão é psicológica. Ela é epistemológica. Ele se preocupa profundamente com a natureza do conhecimento em si, conhecimento – existente em diferentes etapas do desenvolvimento de uma criança. Este pesquisador interessou-se consideravelmente menos pelos processos que tornam o crescimento possível e tratou dessa questão com uma teoria sobre equilíbrio e desequilíbrio, um ciclo entre acomodação ao ambiente e assimilação do ambiente ao esquema interno. Não foi a concepção de equilíbrio e desequilíbrio desse pesquisador que contribuiu para nosso entendimento sobre crescimento, e sim sua brilhante descrição formal

---

3 À época da primeira impressão da obra, os estudos de Jean Piaget despontavam no cenário internacional sobre o desenvolvimento cognitivo. Nos últimos vinte anos, entretanto, o leque de investigações sobre essa temática ganhou em amplitude e diversidade. Nota do revisor.

sobre o conhecimento que as crianças exibem em cada estágio de desenvolvimento. Essas descrições são orientadas em termos da estrutura lógica que informa as soluções dos problemas dadas pelas crianças, as suposições lógicas sobre as quais suas explanações e manipulações estão baseadas. O que ele fez foi escrever a teoria lógica implícita em como a criança procede ao trabalhar com tarefas intelectuais. Há, para ser preciso, falhas nas suas descrições formais, que têm sido atacadas por profissionais da lógica e matemáticos, mas nenhum deles está com toda a razão. O que é incrivelmente importante é a utilidade e potência desse trabalho descritivo. De forma alguma, essa descrição formal constitui uma explanação ou descrição psicológica do processo de crescimento. A clareza descritiva, por outro lado, coloca a questão para qualquer indivíduo que possa lidar com a explanação psicológica.

Darei um exemplo de um estudo recente realizado em nosso laboratório.[4] Nós estudamos crianças com faixa etária entre quatro e onze anos. Elas receberam como tarefa dizer qual par de vasilhames estava cheio e qual estava vazio. Crianças de todas as idades não tinham dificuldade em responder quando os pares eram idênticos, independentemente de estarem cheios ou não, no mesmo nível. Então, apresentamos um par de vasilhames cheios pela metade e de volumes diferentes. Identificamos o vasilhame com maior volume como A; freqüentemente as crianças diziam que A estava mais cheio que B, para então dizerem que A estava mais vazio que B. Elas afirmavam ainda que ambos estavam igualmente cheios, mas que A estava mais vazio. Parecia-nos extraordinário que ocorresse patente contradição.

O que nos deixou atônitos foi a proporção de erros contraditórios feitos por crianças de quatro até nove anos, aumentando de acordo com a idade, ao invés de decrescer, como seria o esperado. Além disso, com vasilhames de volume desigual, 27% dos erros entre as crianças de cinco anos foram contraditórios, 52% entre as crianças com seis anos e 68% para o grupo com sete anos.

Qual o motivo de tamanho aumento nessa contradição lógica: denominar algo como mais cheio e em seguida dizer que está mais vazio ou dizer que dois vasilhames estão igualmente cheios, para, em

---

[4] Veja o Capítulo 8 em J. S. Bruner, R. R. Olver, P. M. Greenfield et al. *Studies in Cognitive Growth*. New York: John Wiley & Sons, 1966.

seguida, afirmar que um deles está mais vazio? Há duas alternativas. A primeira é que as crianças mais velhas são menos lógicas e tem menor nível de preocupação com a consistência – o que certamente parece distante do que se conhece acerca do desenvolvimento intelectual entre as idades de quatro e onze anos. A outra é que a contradição lógica não é a questão central, mas um co-produto de algum outro processo psicológico – talvez da forma como as crianças definem e julgam os conceitos de cheio e vazio.

A observação de como os julgamentos eram feitos confirma rapidamente a última hipótese. Todas as crianças na faixa etária estudada julgavam o conceito de 'cheio' quase da mesma forma, utilizando um método direto de observação, ao invés do método indireto de computar a proporção. O vasilhame julgado mais cheio tinha o maior volume aparente de água, e o que favorecia esta indicação era o nível da água; quando o nível da água era igualado, o indicador era a largura do vasilhame, ou ainda, se o nível da água e a largura dos vasilhames eram os mesmos, a referência era a altura do vasilhame. Podemos apontar para todos esses critérios.

Porém, consideremos agora os julgamentos feitos por crianças de diferentes faixas etárias a respeito de qual vasilhame em cada par era o mais vazio. As crianças mais velhas desenvolveram uma consistência interessante nas respostas, baseada na apreciação da relação complementar de espaço cheio e vazio. Para elas, o vasilhame mais vazio era aquele que apresentava o maior volume de espaço não preenchido. Mas, em conseqüência, suas respostas eram logicamente contraditórias, pois o vasilhame julgado como o mais cheio também era julgado como o mais vazio, dados vasilhames maiores ou menores, ambos meio cheios. As crianças mais jovens, em contrapartida, igualavam o vazio com a quantidade do líquido; o vasilhame mais vazio era aquele que transmitia a impressão de ter o menor volume de líquido. Portanto, elas terminavam por serem consistentes em seus julgamentos sobre cheio e vazio.

O que é interessante, do ponto de vista psicológico, no desempenho dessas crianças não é a propriedade lógica das suas reações; pelo contrário, é o desenvolvimento da grande subjetividade das respostas das crianças mais velhas. As mais jovens utilizavam critérios únicos, como o volume aparente da água, para o julgamento do critério de cheio e vazio, isto é, mais água é igual a mais cheio, menos água é igual a mais vazio. É uma boa regra e funciona para a maior parte dos vasilhames que estão nos limites de cada comparação em relação ao tamanho deles vasilhame. Note, porém, o que as crianças mais velhas fizeram: elas iniciaram a dissociação de duas variáveis, espaço vazio e espaço cheio, e enquanto elas não podiam trabalhar com as duas consistentemente, por meio do auxílio da lógica externa, podiam pelo menos processá-las separadamente, pelo fato de elas ainda estarem limitadas a definições baseadas em grandezas consideradas por abstração. O leitor pode, se quiser, denominá-las como definições ostensivas, pois elas não podem processar essas duas variáveis utilizando a proporção. O que é intrigante a respeito da proporção é que ela não pode ser evidenciada nessa relação de duas variáveis. Por conseguinte, a avaliação lógica informa muito pouco sobre o processo de desenvolvimento, embora o auxilie na descrição do conhecimento que a criança possui. Nós sabemos, a partir de outras pesquisas, por exemplo, que a dissociação de espaço cheio e espaço vazio leva a criança a considerar a relação entre eles. Assim, por volta dos dez anos, uma noção de proporção é criada, não graças à lógica, mas à crescente necessidade de utilizar uma definição de indicação perceptiva de cada idéia.

Podemos aprender uma boa lição a partir deste pequeno experimento, além de uma crítica da descrição lógica como meio de explicação da natureza do crescimento intelectual. O que significa dizer que a criança é limitada para a definição das coisas por ter que apontar as propriedades que definem suas idéias? E por quais meios elas chegam a dissociar diferentes aspectos de algo, como um vasilhame, em espaço vazio e espaço cheio? Essas questões nos levam novamente às nossas marcas de referência.

Levando em consideração as nossas duas primeiras marcas de referência, muito da nossa investigação se dirigiu à elucidação da questão da representação – como a criança fica livre do estímulo presente e conserva a experiência passada em um modelo, e as regras de governam o armazenamento e a retenção da informação sobre este modelo.

O que se entende por representação? O que significa traduzir experiência em um modelo de mundo? Sugiro que provavelmente existam três formas dos seres humanos realizarem isso. A primeira é por meio da ação. Nós conhecemos muitas coisas para as quais não temos uma imagem representativa ou palavras que as definam, e que são muito difíceis de ensinar para outras pessoas verbalmente, por diagramas ou figuras. Se você já tentou ensinar alguém a jogar tênis, andar de bicicleta ou esquiar, com certeza conhece a impotência das palavras e diagramas no processo de ensino. Ouvi o caso de um instrutor de vela que há alguns anos atrás se engajou com duas crianças, em uma competição, com gritos sobre como colocar o barco na direção do vento, as crianças entenderam todas as palavras, mas as sentenças não tiveram eco nos seus atos. Foi um desempenho de choque, como muitos dos que ocorrem nas escolas. Há um segundo sistema de representação que depende da organização sensorial e visual, além de resumir as imagens. Nós podemos, como no experimento de Mandler,[5] tatear nosso caminho através de um labirinto de interruptores e, em certo ponto do aprendizado, vir a reconhecer e visualizar um padrão ou trilha. Tratamos aqui da primeira forma de representação, denominada de ordenativa, e da segunda, de icônica. A representação icônica é governada principalmente pelos princípios de organização perceptiva e pelas transformações econômicas na organização perceptiva que Attneave[6] descreveu – técnicas para preencher, completar, extrapolar. A representação ordenativa é baseada, nos parece, no aprendizado de respostas e formas de habituação.

Finalmente, há representação em palavras ou línguas. Sua característica é de natureza simbólica, com certas características de sistemas simbólicos, que só agora são entendidos.

Os símbolos (palavras) são arbitrários (como Hockett[7] afirma, não há analogia entre o símbolo e a coisa, portanto, enquanto a palavra baleia significa uma criatura enorme, a palavra microorganismo dá nome a uma criatura muito pequena), remotos como referência e quase sempre altamente produtivos ou generativos no sentido de que a língua ou qualquer outro sistema simbólico tem regras para a formação e transformação das sentenças, tornando-as realidade, o que é possível por meio de ações e imagens.

A linguagem, por exemplo, nos permite introduzir transformações sintáticas que tornam simples e útil abordar proposições declarativas sobre a realidade das formas mais intrigantes.

---

5 Mandler, G. From Association to Structure. *Psychological Review*, 69:415-417 (1962).
6 Attneave, F. Some Informational Aspects of Visual Perception. *Psychological Review*, 61:183-193 (1954).
7 Hockett, C. F. Animal Languages and Human Language. In: Spuhler, J. N. (ed.). *The evolution of Man's Capacity for Culture*. Detroit: Wayne State University Press, 1959. p.32-39.

Nós observamos um evento e o codificamos. "O cachorro mordeu o homem": a partir dessa afirmação, podemos viajar por um amplo espectro de recodificações – o cachorro realmente mordeu o homem ou não? Se ele não mordeu, o que pode ter acontecido? E assim por diante. A gramática também nos permite uma forma ordenada de afirmar proposições hipotéticas que podem não ter relação com a realidade ("o unicórnio está no jardim", "eu falei sobre um triângulo, um mistério", "no início, era a palavra").

Também devo mencionar outra propriedade de um sistema simbólico: sua compatibilidade, a propriedade que permite condensações da ordem $F = ma$ ou $S=1/2gt^2$ ou "toda teoria é cinza/o verde aumenta a árvore dourada da vida". Em cada caso, a construção gramatical é bem simples, embora a semântica seja enorme.

Meu colega, professor George Miller, propôs um número mágico 7±2 como a amplitude da atenção humana ou a memória imediata.[8] Nós estamos limitados em nossas medidas. Deixe-me somente sugerir que compactar ou condensar é o meio pelo qual preenchemos fendas com ouro ao invés de lixo.

O que é extremamente interessante sobre a natureza do desenvolvimento intelectual é que, parece, ele trilha o curso desses três sistemas de representação, até que o ser humano seja capaz de comandar os três.

Na infância, eventos e objetos são definidos em termos de ações sobre eles. Neste momento, há recordação da teoria das emoções de James-Lange, de acordo com a qual as pessoas sentem medo porque fogem. Um objeto é aquilo que se faz dele. A clássica demonstração de Piaget sobre o crescimento dá idéia do objeto permanente ainda é melhor: uma criança de um ano, na presença de seu brinquedo favorito, não chorará se esse lhe for tirado, a menos que o brinquedo esteja em suas mãos. Mais tarde, a retirada do brinquedo trará lágrimas se ela começar a mover as mãos na direção dele, para alcançá-lo. Em uma terceira etapa, é suficiente mostrar à criança que o brinquedo será tirado quando ela estiver olhando para ele. Finalmente, se o brinquedo for escondido quando ela sair, chorará ao voltar e perceber que o brinquedo sumiu.

---

8 Miller, G. The Magical Number 7, plus or Minus 2: Some Limits on our Capacity for Processing Information. *Psychological Review*, 63 : 81-97 (1956).

Em resumo, objetos desenvolvem uma autonomia que não é dependente da ação. Primeiramente, "o berço é para balançar" e "o buraco é para cavar". Posteriormente, eles se tornam, de alguma forma, pictográficos ou concebíveis sem ação. O que acontece, como conseqüência, no desenvolvimento é uma grande conquista. As imagens desenvolvem um *status* autônomo, elas se tornam fortemente resumidas pela ação. Aos três anos, em média, a criança adquire um padrão de distração sensorial. Ela é vitima das leis da vivacidade, e seu padrão de ação é uma série de encontros com coisas brilhantes que, em seguida, são substituídas pelos objetos com abundância cromática que, por sua vez, são trocados por objetos que fazem barulho. E assim acontece. A memória visual nessa etapa parece ser altamente concreta e específica. O que é intrigante sobre esse período é que a criança é uma criatura que vive o momento; a imagem do momento é o suficiente, sendo controlada por uma característica simples da situação. A criança pode reproduzir objetos que estavam lá antes – na forma em que estavam. Ela pode reproduzir um padrão de nove copos colocados em linhas e colunas, com diâmetros e alturas variando de forma sistemática. Ela faz isso tão bem quanto uma criança de sete anos; reproduz somente a ordem que viu – digamos, com a altura se elevando da esquerda para a direita e o diâmetro de cima para baixo. A probabilidade de padrões equivalentes (por exemplo, com o diâmetro variando da esquerda para a direita) é perdida na criança mais nova. Ela pode enfrentar a situação, mas não transpô-la.[9] Outro exemplo: uma criança de cinco anos com dois vasilhames idênticos, os dois preenchidos com o mesmo nível de água. Ela dirá que os dois vasilhames são iguais. Então, se colocarmos o conteúdo de um dos vasilhames em outro mais alto e fino, perguntando em seguida se há ou não a mesma quantidade de líquido nos dois, a criança dirá que não e afirmará que um deles tem mais líquido porque o nível da água é mais alto. Esta incapacidade de reconhecer a variação de magnitude entre transformações na aparência das coisas é um dos aspectos mais marcantes deste estágio.

O que faz a diferença? Gostaria de sugerir que é a formação do terceiro sistema simbólico de representação, baseado na tradução da experiência em linguagem, mas é obvio que não é a linguagem em si que faz a diferença, pelo contrário, parece que é a utilização da linguagem

---

9 Veja o capítulo 7 de *Studies in Cognitive Growth*.

como instrumento de pensamento que importa, a sua internalização, utilizada de forma apta, ainda que com um quebra cabeças de palavras. As crianças muito novas usam a língua quase como uma extensão do ato de apontar para um objeto, e estudos mostraram que a probabilidade de utilização das palavras é amplamente elevada se o objeto está nas suas mãos ou em seu campo de visão. Só gradualmente é que as palavras são utilizadas para denominar objetos que não estão presentes, havendo ainda um longo tempo até que as referências remotas de palavras sejam manipuladas pelo instrumento transformador da gramática, numa forma estruturada para auxiliar na resolução de problemas mentais – tarefas que necessitam que uma barreira seja sobrepujada.

E é ainda mais tarde que as palavras se transformam em um veículo para mediar as categorias possíveis: a condicional, a condicional contra-factual e o resto do vasto domínio da mente, na qual palavras e expressões não possuem referências diretas na experiência imediata. Ainda assim, é nesses domínios que potentes representações do mundo das experiências possíveis são construídas e utilizadas como modelos de pesquisa para a resolução de problemas.

Como as transições são afetadas – de representações ordenativas para icônicas e destas para a simbólica –, é uma disputa e uma questão problemática. Sintetizando a questão, seria como se algum tipo de formação de imagem ou esquema de formação – o que quer que seja, devemos denominar o equipamento que propicia a seqüência de ações simultâneas, transformando-as em uma representação imediata – fosse automático como um acompanhamento para a resposta de estabilização.

Mas como o sistema nervoso converte uma seqüência de respostas em uma imagem ou um esquema, ainda não é compreendido.

Como para a internalização da linguagem como um instrumento de pensamento – e devemos examinar alguns de seus efeitos sobre o comportamento em determinado momento – penso que um primeiro passo rumo a uma resposta foi proposto por Roger Brown e colaboradores.[10] Refiro-me às suas observações sobre o início do aprendizado da língua, nas trocas entre a criança e o tutor, nas quais a

---

10 Brown, R. W.; Fraser, C.; Bellugi, U. Explorations in Grammar Evaluations. In: Bellugi U.; Brown, R. (eds.). *The acquisition of Language, Monographs of the Society for research in Child Development, 29*. Chicago: University of Chicago Press, 1964), p 79-92.

primeira produz expressões a uma forma gramaticalmente particular, o tutor expande e idealiza as elocuções da criança para a forma gramatical adulta e, por sua vez, a criança combina sua expressão de forma seletiva para o modelo gramatical adulto. As suas observações são restritas principalmente para o segundo e terceiro anos da vida. Eu sugeriria que em alguma extensão este processo tem lugar durante toda a infância – com o auxílio dos pais, professores e crianças mais velhas. Talvez isso seja o mais óbvio, mas da mesma forma, onipresente, consistindo de trocas formacionais e transformacionais. "Eu quero bolo", "você pode comê-lo após os ovos", e assim por diante. Suspeito que parte desse diálogo acidental estendido seja relativo ao aprendizado de pequenas palavras – "se", "para", "a partir de", "acima" – e outras semelhantes. Isso, é lógico, são as últimas palavras aprendidas pelas crianças no domínio da linguagem adulta, e elas são palavras cruciais para converter uma experiência complexa e uma expectativa complexa em uma forma que torna possível uma revisão interna.

Talvez o exemplo mais completo da diferença entre palavras e imagens como meios de contar uma experiência tenha sido demonstrado por outro experimento realizado em Harvard.[11] A faixa etária das crianças era de quatro a sete anos. A pesquisa foi baseada em um novo argumento e realizada da seguinte forma: se a criança costumeiramente lida com coisas em termos de propriedades da imagem, embora ela possa ter a linguagem necessária para mediá-las de forma linguisticamente mais favorável, é preciso perceber, pela aparência das coisas, que ela inibe seu uso das categorias linguísticas para lidar com a situação. Por exemplo, na conservação da pesquisa a tendência de considerar "alto" o nível de água como mais líquido para beber pode ser tão automática e habitual que pode impedir a criança de empregar meios mais poderosos de análise. Se for assim, então se dever-se-ia obter uma melhoria acentuada do desempenho, fazendo a criança trabalhar o problema primeiro em "sua cabeça" antes mesmo de ver os vasilhames, permitindo as representações linguística e simbólica antes que o modo icônico possa monopolizar a situação. Isso foi feito.

Um painel colocado à frente de dois copos, cobrindo tudo menos a parte superior. Um dos copos foi colocado dentro do outro atrás do painel. As crianças tiveram que responder se havia ou não a mesma

---

11 Veja o capítulo 9 de *Studies in Cognitive Growth*.

quantidade para beber no copo escondido. Após seu julgamento com os copos encobertos pelo painel, elas foram apresentadas diretamente aos copos, sem o painel. E agora?

Mais ou menos ou idêntico?

Metade das crianças de quatro anos e virtualmente todos os outros disseram que quando o painel é utilizado a quantidade de água é idêntica. Praticamente nenhuma criança de quatro ou cinco anos e somente cerca de metade das com seis e sete anos disseram isso nos experimentos sem o painel presente.

Quando o painel foi retirado, e novamente as crianças foram confrontadas com o mundo dos objetos, as de quatro anos retrocederam. Mas as outras não. Elas utilizaram a sua versão lingüística mais sofisticada. Mas veja as observações delas: "parece diferente. Mas na realidade não é" ou "isso só muda quando você coloca um dentro do outro".

A linguagem oferece meios de libertação da aparência imediata como base única para o julgamento.

Deixe-me dizer algo mais a respeito da linguagem, para tornar a explanação mais completa. Nós temos estudado em detalhes a forma na qual as crianças imputam similaridades às coisas em seu ambiente, como as coisas são denominadas de forma semelhante.[12]

Entre os dez e os doze anos, a criança está aprendendo a criar regras de equivalência que a une a uma série de objetos, nomeadas pelos estudiosos da lógica de regra superordenada: aquelas coisas podem ser consideradas semelhantes porque todas elas exibem características comuns. Antes disso, o conceito de equivalência não corresponde àquele adotado pelo adulto. Banana, pêra, batata, leite são eventualmente semelhantes porque todos eles são para comer, por exemplo. Antes disso, banana e pêra são semelhantes porque têm cor amarela e pêra e batata, porque têm pele. Além disso, batata e leite fizeram parte do cardápio no almoço. São regras fantasticamente complicadas, no sentido de que, se elas fossem imputadas a um computador, demandariam uma capacidade de memória e processamento consideráveis. Todas essas regras têm a ver com a semelhança local em termos de aparência. A passagem para agrupamentos subordinados oferece um tipo de liberdade do

---

[12] Veja *Studies in Cognitive Growth*, capítulo 2.

imediatismo das similaridades locais. Isso compara o crescimento da distinção no pensamento da criança entre aparência e realidade, recém mencionada. Há ainda a comparação por uma mudança nas estratégias para adquirir informação. Nós jogamos o jogo das vinte questões com as crianças. No momento em que elas entenderam a regra de equivalência superordenada, as perguntas passaram a ser testes diretos de uma hipótese. Questões indiretas, limitadoras, com o objetivo de estreitar o domínio das possibilidades, raramente eram feitas. Para a criança uma questão é um instrumento para obtenção de informação que pode ser indicada por uma causa: "Um carro saiu da estrada e bateu em uma árvore" / "O que aconteceu?" / "Alguém o tirou da estrada?" / "O motorista foi picado por uma abelha?". As regras superordenadas indicam o caminho para a acumulação de informação, uma forma de raciocinar com cadeias longas de inferências. Algo determinado agora não é mais a mesma coisa, e sim um membro de uma grande classe, que, por sua vez, é um membro de uma classe ainda maior, e assim consecutivamente.

Retornemos, mais uma vez, e finalmente, para os padrões de referência do crescimento intelectual com o qual iniciamos. Com respeito ao primeiro deles, isto é, a elevação da independência da resposta em relação ao meio ambiente imediato, penso que somente agora começamos a entender as representações que são utilizadas como mediadores.

Voltemos à minha veia autobiográfica. Eu sempre tive dificuldades com teorias de condicionamento de estímulo e resposta baseadas nas idéias de contigüidade ou reforço como forjas de ligações entre estímulos e respostas. Relatos sobre a elevação da liberdade de comportamento em relação ao estímulo imediato pela interposição de pequenos esses e erres entre os estímulos e a resposta final me parecem fúteis. Estou inclinado a pensar que a teoria pura de estímulo e resposta é, sim, um relato adequado da forma que o aprendizado ocorre quando o aprendiz opera com a representação icônica – independente se acontece com uma criança pequena ou traduzida pela postura de uma criança frente a frente com o engenhoso aparato experimental de um psicólogo que impede que qualquer coisa aconteça, a não ser uma resposta evidente. Eu noto, com interesse, que os russos abandonaram o modelo de Pávlov como seu modelo único de aprendizado e crescimento, liberando o caminho para um segundo sistema de sinais baseado na mediação da linguagem entre estímulo e respostas. Eu penso que eles estão no caminho certo, se os seus objetivos forem ir além do aprendizado infantil.

A teoria da Gestalt é o sistema por excelência para análise do modo icônico, sendo solidamente baseado na análise da ingênua fenomenologia da experiência e na forma pela qual a percepção e a memória estão ligadas pela regra da similaridade fenomenal. Muito do trabalho do agora antigo *New Look* em percepção foi direcionado similarmente ao modelo icônico.

Elementos afetivos e motivacionais interferem grandemente na imagem e na organização perceptiva, particularmente quando um material para estimulação empobrecido é utilizado e a categorização lingüística interpretada é ambígua.

A persistente qualidade racional do comportamento, à qual me referi anteriormente, introduz o quadro de quando há internalização das técnicas simbólicas – a linguagem é uma forma natural, seguida pelas linguagens artificiais dos números e da lógica. Porém, há várias formas de processar informação e o modo simbólico é apenas um. Deixe-me expressar a suspeita que muito da não-racionalidade intrusiva sobre nós, as formas interruptas, tanto quanto as formas que funcionam como metáforas de poesia, derivam das nossas experiências com as operações icônicas ou ordenadas.

Nós sabemos pouco a respeito da dependência do crescimento sobre a contingência da interação aprendiz-tutor e a falha do crescimento quando está ausente, com exceção de casos extremos em que há real privação do contato entre a criança e o adulto. Com Sócrates, de alguma forma, aprendemos que o diálogo pode levar as pessoas a descobrirem coisas de grande profundidade e sabedoria. É uma pena sabermos tão pouco a respeito do aprendizado por meio do diálogo, salvo que o jovem servo de Sócrates deve ter se beneficiado da presença dele. Este último não pôde, para utilizar um termo corrente, ser culturalmente privado. Vygotsky[13] e George Herbert Mead[14] sugeriram que o último pensamento é freqüentemente uma versão interna dessa arte de diálogo. Neste sentido, há certas invenções que nos ajudam, como um diálogo entre o pensador e suas palavras escritas ponderadas em um segundo momento. Em tal reflexão, a notação de algum tipo ou outro se torna de

---

13 L. S. Vygotsky, *Thought and Language*, ed. E traduzido por Eugenia Hanfmann e Gertrude Vakar (New York: John Wiley and Sons, 1962).
14 G. H. Mead, *Mind, Self and Society* (Chicago: University of Chicago Press, 1934).

enorme importância, independente da utilização de modelos, pinturas, palavras ou símbolos matemáticos.

Novamente, há uma lacuna, pois sabemos pouco a respeito da utilização do caderno de apontamentos, do esboço e do rabisco no trabalho reflexivo. Certamente, quanto mais sabemos sobre as propriedades da linguagem e seu poder, mais deveremos saber sobre a forma como isso pode auxiliar o pensamento. Há muita ênfase na chamada hipótese Whorfiana[15] – diferentes linguagens estruturam a realidade diferencialmente para os seus usuários. Além disso, existe a questão geral de como a linguagem afeta os processos cognitivos, não importando qual a linguagem utilizada. A nova ênfase na linguagem universal sugere um bom ponto de partida: quais são as conseqüências que seguem o pensamento a partir das propriedades mais gerais da linguagem? Esta é a preocupação que me leva a colocar a linguagem no centro do palco na consideração da natureza do desenvolvimento intelectual.

Elevar a capacidade de atender a aspectos múltiplos do ambiente e acompanhar várias seqüências de uma só vez – ambas são parcialmente dependentes da natureza da representação pela criança para trazer ordem ao mundo dela. A capacidade de atenção se eleva? Nós desenvolvemos mais força em relação a nossa memória imediata? Ou simplesmente estas coisas são constantes e nós desenvolvemos técnicas representacionais idênticas ao mágico número 7±2 preenchida com o mais puro ouro?

Confesso uma convicção secreta de que há vários tesouros a serem achados para o entendimento dos meios por onde a criança supera sua distração e enorme tendência para mediar somente uma característica do ambiente de cada vez.

Finalizando, a questão do desenvolvimento autogovernado, que permite à criança em desenvolvimento passar do comportamento adaptativo para a utilização autoconsciente da lógica e da razão. Deixe-me focar na idéia da necessidade lógica. Parece razoável supor que a idéia da necessidade lógica depende de um processo de mediação não com a experiência direta, mas, como Piaget afirmou, com a natureza das proposições. Por este

---

15 Whorf, Benjamin Lee. *Language, thought, and reality*. Massachusetts : Massachusetts Institute Technology, 1966.
Benjamin Lee Whorf foi um lingüista extremamente importante. O trabalho pelo qual ele é famoso é a chamada Hipótese Whorf, segundo a qual a língua influencia ou predetermina o pensamento. (Nota do Revisor)

caminho, vamos além das propriedades empíricas dos eventos concretos, assim como os matemáticos operam com a linguagem ao invés de com a que se refere à linguagem. É a diferença entre tratar símbolos como se eles fossem transparentes ou como se fossem opacos, para eles e por eles mesmos. A noção lógica da necessidade está, de alguma forma, entre o que uma criança não consciente de si faz e o que um matemático faz. Nós desenvolvemos uma crença de que há correspondência entre a forma de proposição da natureza dos eventos. A é maior do que B, B é maior do que C e, portanto, A é maior do que C porque, no senso pragmático de Peirce,[16] isso funciona na natureza. Entretanto eu acredito que é um grande passo do ponto em que estamos até a preocupação com a ordenação dos símbolos, como na matemática, lógica ou lingüística. De qualquer forma, o que afirmo é que uma fonte de autoconsciência no desenvolvimento intelectual consiste da consciência da notação em termos do que nós temos como experiência codificada.

Deixe-me concluir com um último ponto. O que eu disse sugere que o crescimento mental, em grande parte, é dependente do crescimento exterior – o domínio de técnicas que estão incorporadas na cultura e que são passadas por meio do diálogo pelos agentes da cultura. Isso se torna, notavelmente, o caso em que a linguagem e o sistema simbólico de cultura estão envolvidos. Para isso, há uma multidão de modelos disponíveis na cultura para modelar usos simbólicos – mentores de todas as formas e condições. Eu suspeito que muito do crescimento se inicia ao nosso redor, em nossos próprios traços; e a recodificação em novas formas, com o auxílio de adultos tutores. Nós temos feito ou visto, então passar para novos modos de organização com os novos produtos que se formaram dessas recodificações. Nós dizemos "Eu vejo o que estou fazendo agora" ou "Bem, é assim". Os novos modelos são formados em sistemas de representação potentes e crescentes. É isso que nos leva a pensar que o coração do processo educacional consiste em dar auxílios e diálogos, a fim de traduzir experiência em sistemas mais potentes de notação e ordenação. Por esta razão, penso que a teoria do desenvolvimento deve estar ligada tanto pela teoria do conhecimento quanto pela teoria da instrução, ou ruir devido à trivialidade.

---

16 Charles Sanders Peirce é considerado o fundador da moderna Semiótica. Foi o enunciador da tese anticartesiana de que todo pensamento se dá em signos, na continuidade dos signos (Nota do Revisor)

Capítulo 2

Educação como Invenção Social

Devo tomar como evidente que cada geração tem que definir, de uma nova forma a natureza, a direção e os objetivos da educação para assegurar que tal liberdade e racionalidade possam ser legadas às próximas gerações. Para tanto, existem modificações nas circunstâncias e no conhecimento que impõem limites e dão oportunidades ao professor nas sucessivas gerações.

No sentido de que a educação está em constante processo de invenção, eu gostaria, particularmente, de comentar quatro modificações em nosso tempo que requerem considerações no pensamento sobre educação.

A primeira delas deriva da nossa elevada compreensão do homem como espécie. Quando alguém lê as numerosas e ricas pesquisas das últimas décadas, é certo que houve uma revolução que nos força a considerar o que fazemos quando ocupamos o longo período de crescimento do homem, de certa forma, agora familiar como "educação".

A segunda base para a redefinição de educação é a elevação do nosso entendimento da natureza do crescimento mental individual.

Houve profundas reorientações na teoria do desenvolvimento na última geração; modificações que foram aceleradas por estudos dos crescimentos normal e patológico, por meio de análise dos efeitos de diferentes tipos de ambientes, por estudos do desenvolvimento das linguagens e seu impacto no pensamento.

Todos estes trabalhos nos forçaram a reconsiderar o papel das operações simbólicas do homem.

Terceira, há razão para acreditar que começamos a entender o processo da educação, de alguma forma, mais claramente do que antes. Essa foi uma década de intenso experimento educacional envolvendo muitas das melhores mentes da nossa geração, o que me dá uma pausa para ver em que medida uma criança de oito anos pode ser levada a compreender o que é um poema, ou conceber a conservação do tempo, ou a chegada lenta, mas certa da potente generalidade de uma função quadrática como um conjunto de conjuntos nos quais os elementos em cada conjunto são os mesmos em relação ao numero de séries.

Finalmente, e o mais óbvio, a taxa de modificação na sociedade em que vivemos nos força a redefinir como devemos educar a próxima geração. John Dewey, em sua obra *My Pedagogical Creed* (Meu Credo Pedagógico), um documento preocupantemente comovente, tem foco principalmente nas suas reflexões antes da primeira grande guerra – há muito tempo atrás.

Eu deveria considerar cada uma dessas questões, mas antes de fazer isso, eu tenho que confessar algumas das minhas dúvidas. É razoavelmente claro para mim, como psicólogo, que mesmo os mais hábeis psicólogos não têm a função de decidir sobre os objetivos educacionais, como o mais competente dos generais não deveria decidir se uma nação deve ir à guerra ou não.

O que quer que eu saiba sobre a estruturação de planos reforça a convicção de que técnicos e cientistas freqüentemente não realizam o tipo de acompanhamento responsável, requisito para uma política social sábia. Eu não consigo trabalhar com muito entusiasmo para reis filósofos, reis psicólogos, reis médicos ou mesmo reis de comitês mistos. O processo político – e as decisões sobre os objetivos da educação têm que trabalhar seu caminho através do processo – talvez seja lento, mas comprometido com a paciente perseguição do possível.

É certo também que generais têm uma forte influência nas políticas de guerra e paz e os cientistas possuem um forte papel na nossa defesa e em outras questões. O que não é claro é a distinção entre os fins e os meios, entre os objetivos e a sua implementação, talvez porque exista uma familiaridade intuitiva, que os generais possuem, em relação ao que é ou não possível na guerra e os perigos que ela encerra. Da mesma forma, psicólogos possuem familiaridade com o modo como alguém pode fazer que outras pessoas aprendam, prestem atenção ou não fiquem ansiosas. Conquanto essas ações, em um sentido estrito, não encerrem um fim em si, elas moldam objetivos nas políticas educacionais e de defesa. Isto é, se o leitor preferir, o sentido aguçado do psicólogo sobre o que é possível o torna uma força eficaz. Se ele falhar em cumprir o seu papel como um sacerdote e delineador do possível, então ele não serve à sociedade sabiamente. Se ele confunde a função que lhe cabe e estreita a sua visão do possível para aquilo que ele tem como desejável, então empobrecemos todos nós, que pertencemos à classe. Esse profissional pode, e deve, oferecer um amplo leque de alternativas para desafiar a sociedade à escolha. É o suficiente, voltemos ao tema principal.

Como avaliar a sociedade à luz do nosso recém-adquirido conhecimento do homem como espécie? Deixe-me iniciar com uma visão que poderia ser melhor denominada como instrumentalismo evolucionário.

A utilização da mente pelo homem depende da habilidade desse de desenvolver e utilizar "ferramentas" ou "instrumentos" ou ainda "tecnologias" que lhe tornem possível expressar e amplificar o seu poder.

A evolução do homem como espécie chegou até este ponto. Foi a partir do desenvolvimento da postura bípede e da utilização espontânea de ferramentas elaboradas com seixos que o cérebro humano, e particularmente seu córtex, desenvolveu-se. Não foi o hominídeo, com um cérebro avantajado, que desenvolveu a técnica da vida social, mas o padrão de utilização cooperativo das ferramentas que gradualmente modificou a morfologia humana, favorecendo a sobrevivência daqueles que se relacionavam por meio dos sistemas de ferramentas em detrimento dos que tentavam utilizar as mandíbulas, a força ou o peso corporal superior. O que se desenvolveu como sistema nervoso humano foi algo que requer análises externas para expressar o seu potencial. Foi um progresso contínuo. Os primeiros primatas surgiram há cinco milhões de anos e o homem atingiu a morfologia e dimensão cerebral atual há cerca de meio milhão de anos – com o desenvolvimento principal, de hominídeo até o usuário de ferramentas, ocupando, provavelmente, menos de meio milhão de anos de um estágio para o outro. A partir de então, todas as modificações centrais nas espécies foram, de acordo com a frase de Le Barre, ferramentas estéticas,[1] através das quais o homem aprende a interligar músculos, sentidos e poder de raciocínio.

---

1 Weston La Barre, *The Human Animal* (Chicago; University of Chicago Press, 1954).

O biólogo inglês Peter Medawar indica que é provável que nesse mesmo ponto da história humana a cultura tenha se tornado suficientemente elaborada para a evolução, transformando-se em lamarquiana e reversível, ao invés de darwiniana e irreversível.[2]

É uma figura de linguagem, claro, mas o ponto de vista de Medawar foi bem colocado: o que é transmitido pela cultura é um conjunto de características adquiridas, um conjunto que pode perder-se tal qual os antigos habitantes da Ilha de Páscoa, os Incas e os Maias, que perderam as habilidades que tornaram possível deixar ruínas esplêndidas aos seus inaptos descendentes que, por sinal, possuem os mesmos genes dos seus antepassados.

Eu sei que os termos "ferramenta", "tecnologia" e "instrumento" ofendem quando falamos do homem como dependente deles para a realização da sua humanidade. Essas palavras denotam "*hardware*" e, na maior parte das vezes, é o termo "*software*" que tenho em mente: habilidades que são ferramentas. A linguagem, talvez, seja o exemplo ideal de tal tecnologia avançada, com o seu poder não somente para a comunicação, mas para codificar a "realidade", representando questões remotas ou imediatas e, realizando todas estas coisas de acordo com as regras que nos permitam tanto representar a realidade quanto transformá-la, por meio de regras convencionais e apropriadas. Tudo isso depende de recursos externos de gramática, vocabulário e (pode ser que não) um conjunto de falantes que constitua uma comunidade lingüística.

A linguagem é uma ferramenta de natureza geral, no sentido que fornece a direção e a amplificação para a forma como utilizamos nosso aparato muscular, nossos sentidos e poder de reflexão. Mas cada um desses domínios também tem suas habilidades, expressas por meio de vários tipos de utilização dos instrumentos.

Existem habilidades que economizam tempo e força na utilização dos nossos músculos, construídos na forma de ferramentas das quais dispomos; existem ferramentas que economizam a atenção na percepção do que é comunicado e se tornam a base para o entendimento de ícones que construímos para representar coisas por meio de desenhos, diagramas e *design* e, finalmente e mais importante, uma redução heurística que nos auxilia a avaliar as coisas – como cancelar parâmetros incômodos,

---

[2] Peter Medawar, " Onwards from Spencer: Evolution and Evolutionism," *Encounter* 21(3):35-43 (September 1963).

como utilizar nossas cabeças e não nosso esforço físico e como realizar aproximações rápidas, porém decentes. Muitas dessas alterações são ensinadas na interação súbita de pais e crianças – como no caso de habilidades lingüísticas primárias. Como no caso do aprendizado da linguagem, onde a pedagogia é altamente inconsciente, é provavelmente verdadeiro que a maior parte das habilidades primitivas de manipulação, olhar e atender, sejam ensinadas desta forma. Quando a sociedade vai além dessas técnicas, relativamente primitivas, significa que a instrução não espontânea da escola deve ser utilizada. Neste ponto, a cultura necessariamente se vale da educação formal como meio gerador de habilidades. Até o momento, não há inovações nas ferramentas e na utilização dessas (levando essas expressões no seu sentido mais amplo), o sistema educacional é o meio por excelência da disseminação – o único agente da evolução, se o leitor assim desejar.

Agora considere nosso entendimento da natureza ontogênica do desenvolvimento humano. Há várias conclusões importantes dignas de nota. Nenhuma delas, até onde sei, foi seriamente considerada na definição dos objetivos e condução da educação.

A primeira é a de que o crescimento mental não é gradual, tanto para associações ou conexões de estímulo-resposta quanto para meios-fins de prontidão, ou ainda para qualquer coisa. Assemelha-se muito mais a uma escada rolante, que não possui elevação rápida, mas uma elevação curta e súbita seguida por pausa; a elevação súbita no crescimento parece ser iniciada quando certas capacidades iniciam o seu desenvolvimento. Certas capacidades precisam ser nutridas e amadurecidas antes que outras passem a existir. A seqüência em que elas surgem é altamente restrita. Os passos, ou estágios, ou saltos, ou o que quer que seja que você decidir denominá-los, não estão claramente ligados à idade: alguns ambientes podem retardar ou freá-los e outros, acelerá-los. Podem-se caracterizar essas seqüências como uma série de pré-requisitos, até quando a criança pode manter em mente duas características de uma exposição ao mesmo tempo; por exemplo, quando ela consegue lidar com suas relações como em uma proporção.

Os passos ou estágios foram descritos por vários pesquisadores pertencentes a muitas instituições, como em Genebra, Moscou, Paris, Londres, Montreal, Chicago e Cambridge; mas esses estágios parecem ter uma interessante semelhança, ainda que o dinamismo proposto varie. O primeiro estágio é relativamente manipulado, marcado por uma alta instabilidade e atenção num único ponto. Conhecer é principalmente saber como fazer sem uma reflexão demorada. Logo após, há um período de funcionamento mais reflexivo, no qual o jovem ser humano é capaz de representar internamente, por meio de imagens representativas, de grandes partes do ambiente. O ponto alto desse estágio é entre os cinco e sete anos. Finalmente, algo muito especial acontece próximo à adolescência, quando a linguagem se torna crescentemente importante como meio de pensamento. Isso é evidenciado pela habilidade de considerar proposições ao invés de objetos, conceitos tornam-se mais exclusivamente hierárquicos na sua estrutura, possibilidades alternativas podem ser manejadas de forma combinatória. Há uma dúvida considerável se isso tem algo a ver ou não com o início da adolescência fisiológica – há igualmente pontos agudos de evolução cognitiva sem a assistência discernível de ondas hormonais. Adolescentes em sociedades tecnicamente menos maduras não entram nesse estágio.

O que se revela nesse quadro, por mais elementar que tenha esquematizado, é a visão de seres humanos, que desenvolveram três sistemas paralelos para processar a informação e representá-la – um por meio da manipulação e ação, outro através da organização perceptiva e de imagens e um último por meio de aparato simbólico. Esses não são estágios, mas sim ênfases no desenvolvimento. É preciso ter o campo perceptivo organizado ao redor de si como centro antes que você possa observar o outro, os diversos eixos são menos egocêntricos sobre isso, por exemplo. No final, o organismo maduro parece ter atravessado um processo de elaboração dos três sistemas de habilidades que correspondem aos três maiores sistemas de ferramentas aos quais é preciso estar conectado para a expressão total das capacidades – ferramentas para as mãos, para os receptores a distância e para o processo de reflexão.

Não é surpreendente, diante disso, que oportunidades precoces de desenvolvimento surjam freqüentemente em nosso entendimento recente do crescimento mental humano. A importância da experiência precoce atualmente é apenas algo obscuro. A evidência proveniente de estudos em animais indica que há possibilidade de produzir deficiências virtualmente irreversíveis em mamíferos, quando esses são privados da oportunidade de experimentar suas capacidades nascentes. Nos últimos anos, pesquisas mostram o efeito paralisante de ambientes restritivos em seres humanos, assim como existem indicações de terapias de reposição que podem obter razoável sucesso, mesmo em idades críticas da adolescência. As principais deficiências, em sentido mais amplo, parecem ser lingüísticas – a ausência de oportunidade de dialogar, de ter ocasiões para parafrasear, de internalizar conversas como um veículo do pensamento. Nenhuma dessas questões é bem entendida, a não ser que o princípio discutido anteriormente pareça ser operativo, o que, a menos que certas habilidades básicas sejam dominadas, mais tarde, se tornar-se-ão gradativamente impraticáveis. Com esse fato em mente, podemos entender a crescente diferença de inteligência em relação à idade entre grupos privados culturalmente, como os povos do sudeste africano, e grupos culturalmente privilegiados, como os europeus ocidentais. Com tempo e fracassos suficientes, esta diferença é reforçada até a irreversibilidade devido ao sentimento de derrota.

O que se aprendeu sobre o processo educacional que poderia dar orientação à nossa tarefa de redefinição? Pouco, decerto, mas talvez algumas impressões interessantes, que podem ser convertidas em hipóteses testáveis.

A "revolução do currículo" deixou claro, mesmo após uma década, que a idéia de "prontidão" é uma danosa meia-verdade. É uma meia-verdade porque, como se sabe, é necessário ensinar prontidão ou oferecer oportunidades para que ela seja nutrida; não se pode sentar e esperar por ela. Prontidão, nestes termos, consiste no domínio daquelas habilidades simples que permitem alguém chegar a habilidades complexas. Prontidão, para a geometria Euclidiana pode ser obtida pelo ensino intuitivo da geometria ou, dando às crianças a oportunidade de estruturar de forma gradativa construções elaboradas com polígonos. Ou, levando em consideração o objetivo do projeto de matemática de Cambridge[3] – o "segunda geração" –, se o professor quiser ensinar cálculo aos alunos da oitava série, deve iniciar na primeira série com os tipos de idéias e habilidades necessárias para que o conteúdo cálculo seja dominado posteriormente.

A matemática não é exceção à regra geral, embora admita-se que é mais facilmente compreendida do ponto de vista de que é necessário

---

[3] Veja o relatório da Cambridge Conference on school Mathematics, Goals for School Mathematics (Boston: Houghton Mifflin, 1963).

compreender um conteúdo antes que algo mais seja ensinado. Uma vez que os assuntos podem ser traduzidos em formas que colocam ênfase no fazer ou no desenvolvimento apropriado de uma imagem, ou ainda na codificação simbólica verbal, é freqüentemente possível conferir o resultado final a ser alcançado de forma mais simples e controlável para que a criança possa deslocar-se mais fácil e completamente para o domínio completo da questão.

A segunda questão que emerge dos experimentos pedagógicos das últimas décadas sobre o domínio cognitivo ou intelectual é a recompensa. Isso é particularmente verdadeiro quando o aprendiz reconhece o poder acumulativo do aprendizado, quando entende que aprender algo permite a ele continuar algo antes fora de alcance e assim por diante, em direção a perfeição que cada um pode alcançar. Essa é uma verdade conhecida por todo técnico, desde os jogos olímpicos da Antigüidade. Professores também têm muito prazer quando um estudante aprende a reconhecer seu próprio progresso tão bem que pode assumir a si próprio como fonte de recompensa e punição.

Um terceiro resultado da exploração contemporânea no ensino é a conclusão do experimento educacional, que foi e tem sido conduzida no escuro – sem retroalimentação de forma utilizável. O substituto para um *feedback* utilizável é a avaliação após o trabalho ter sido realizado. Só após o término da festa é que os avaliadores entram em ação. Então, já é tarde e somente remendos podem ser realizados. De qualquer forma, é de tal extensão a escolha de critérios para a avaliação que algo bom pode ser dito sobre praticamente qualquer curso ou currículo. Parece ser mais sensato avaliar a situação *antes* e *durante* a construção do currículo, como uma forma inteligente de operação para auxiliar o indivíduo que confecciona o currículo na escolha do material, na abordagem e na forma de preparar as tarefas para os aprendizes.

Finalmente, surpreendemo-nos pela ausência de uma teoria da instrução como guia pedagógico – uma teoria prescritiva de como proceder para alcançar vários resultados, uma teoria neutra com respeito aos fins, mas exaustiva com respeito aos meios. É interessante que há uma ausência de uma teoria pedagógica integrada, o que nesse ponto é principalmente um conjunto de máximas.

Na medida em que a tecnologia avança em complexidade, tanto em maquinário quanto em organização humana, o papel da escola se torna central em nossa sociedade, não simplesmente como agente de socialização, mas como transmissor de habilidades básicas. Dito isso, passemos à nossa base final para redefinir educação: a sociedade em transformação.

Nos últimos anos, tem me admirado, particularmente em conexão com o trabalho na África Ocidental, o fato de as sociedades não serem mais cuidadosas com o papel da educação em moldar o futuro. Por que na África, por exemplo, a atração política para o curto prazo é a educação primária, e não há prioridade para o treinamento de um corpo de administradores, professores e técnicos? Em muitos casos, o segundo grupo é obstruído em termos financeiros pelo primeiro e, em longo prazo, o resultado pode ser uma terrível bomba relógio de jovens semi-analfabetos concentrados nas áreas urbanas da África, sem habilidades comerciais. Suas estruturas tribais e familiares se desfazem, e não há um corpo de professores ou funcionários civis para manter a estabilidade ou treinar os inaptos.

Isso é o que me choca e, enquanto não tenho resposta para o problema africano, teço algumas considerações sobre nossos problemas. Elas se cristalizaram enquanto eu lia um ensaio do grande arquiteto e *designer* italiano Pier Luigi Nervi.[4] Nervi descreve a perda da liberdade do arquiteto e *designer* na era da maturidade tecnológica. É possível construir estradas ou caminhos na forma que se desejar, contanto que os únicos a utilizá-los sejam homens a pé, em cavalos, em vagões e carros que trafegam lentamente. Mas, no momento em que a velocidade de um veículo ultrapassa certo ponto crítico, a fantasia se refreia e é preciso se conformar com a idéia de um arco de contenção. Um carro a setenta quilômetros não pode trafegar em curvas fantasiosamente criadas.

Havia um grande esforço de investigação pública, na época do lançamento do Sputnik, para saber se nosso sistema educacional era adequado para a tarefa a enfrentar. De fato, muito da nova reforma curricular começou antes – sem a noção do medo causado pela distância entre o conhecimento científico da nossa tecnologia e o conhecimento público. Suspeito que nunca mais haverá tal período de negligência ou de consideração ritualista para com a educação pública – embora

---

[4] Pier Luigi Nervi, "Is Architeture Moving Toward Forms and Characteristics Wich Are Ungechangeable?" in Gyorky Kepes, ed., Structure in art and Science (New york: Braziller, 1965).

a educação pública universal, como conceito de trabalho, esteja engatinhando.

Pode ser que entremos não somente em um período de maturidade tecnológica, no qual a educação exigirá constante redefinição, mas este período futuro possa envolver uma mudança rápida nas tecnologias específicas, tornando habilidades limitadas obsoletas em um curto período de tempo após sua aquisição. Sem dúvida, possivelmente uma das propriedades que definem uma tecnologia altamente madura é o fato da existência possível de modificações substanciais que abranjam uma geração – como a nossa, que tem assistido a várias modificações importantes.

Eu me envolvi, junto com alguns estudantes que trabalhavam comigo, durante o verão de 1964, em um currículo de estudos sociais para a formulação da lei de Bruner – mudanças críticas relacionadas à ordem da magnitude durante os anos por vir. Eu utilizei isso como a extensão da lei do quadrado para o ângulo da retina, em que o tamanho da imagem na retina é recíproco ao quadrado da distância de um objeto em relação ao olho. Portanto, quanto mais longo um período de tempo, mais longa a sua duração no sentido de ser compreendido! E assim sucessivamente:[5]

5×10^9 5.000.000.000 surgimento da Terra
5×10^8 500.000.000 Vertebrados
5×10^7 50.000.000 Mamíferos
5×10^6 5.000.000 Primatas
5×10^5 500.000 Homem
5×10^4 50.000 Grandes migrações glaciais
5×10^3 5.000 Início da historiografia
5×10^2 500 Surgimento da impressão
5×10^1 50 Surgimento do rádio e da educação em massa
5×10^0 5 Surgimento da inteligência artificial

O que aprendi com meus alunos foi que os fatos aconteceram contínua e rapidamente. A vida, provavelmente, teve início por volta de $2,5 \times 10^9$ anos atrás. Portanto, metade da história da Terra não contou com nenhum espécime vivo.

---

[5] Recordo o leitor que a edição original desta obra data de 1966.

Algo em torno de 99,999% da vida terrestre não ocorreu com a presença do ser humano e, a partir de seu surgimento, o registro é impressionante e fantástico. Isso faz parecer, realmente, que o fato principal sobre as ferramentas e técnicas é que elas geram outras mais avançadas, em uma velocidade que é sempre maior. E, na medida em que a tecnologia amadurece nessa direção, a educação tem um papel cada vez mais significativo, provendo as habilidades necessárias para gerenciar e controlar a expansão.

A primeira resposta dos sistemas educacionais sob tal aceleração é produzir técnicos, engenheiros e cientistas de acordo com o que é necessário; mas é duvidoso se essa prioridade produz o que é necessário para gerenciar e controlar a operação, simplesmente porque não há ciência ou tecnologia específica que ofereça uma metalinguagem em termos do que pensar sobre a sociedade, sua tecnologia, ciência e as constantes modificações que ela sofre com a inovação.

Um engenheiro automotivo poderia ter previsto o fim das pequenas cidades da América com o advento do automóvel? Ele poderia estar tão absorto em sua tarefa de fabricar mais e melhores carros que nunca lhe ocorreu considerar a cidade, a calçada, o lazer, o local ou a fidelidade. De alguma forma, se as mudanças devem ser consideradas, faz-se necessária a utilização de homens com habilidades em perceber a continuidade e a oportunidade para a continuidade. Esse é um tema ao qual retornaremos depois.

O que podemos concluir sobre tudo isso? Parece-me que quatro políticas gerais seguem as questões que revisamos.

A primeira tem relação com o que é ensinado. Parece, a partir de nossa consideração da evolução humana, que a principal ênfase na educação deve ser colocada nas habilidades – habilidades em negociar, ver, imaginar, em operações simbólicas, particularmente na medida em que se relacionam com as tecnologias que o fizeram poderoso em sua expressão humana. É difícil esclarecer, em termos específicos, o que esta ênfase sobre as habilidades confere, mas alguns exemplos poderiam prover uma base concreta para o criticismo. A esse respeito, em primeiro lugar, para a educação das capacidades perceptivo-imaginárias, sugiro, ao menos, uma direção a seguir: o treinamento de imagens espaciais sutis.

Recentemente, fiquei admirado com o aumento da potência visual e sutil de estudantes participantes de cursos de *design*: todos os cursos concebidos de forma e com objetivo diferentes. Para universitários, ministrado pelo professor I. A. Richards, em Harvard; outro para professores, dirigido por Bartlet, em Andover; e um terceiro curso para urbanistas, lecionado por Gyorgy Kepes e Kevin Lynch, no M.I.T. Todos eles produziram nos estudantes o que me pareceu ser uma nova visão do ambiente urbano da América; todos instrumentalizaram os estudantes com novos modelos em termos do que analisar e selecionar nos arredores. Meus colegas Gerald Holton e Edward Purcell experimentaram a instrução de padrão visual como um modo de elevar a visualização fina em miras – visualização fina e capacidade de representar eventos visualmente e de forma não métrica.

Não penso que começamos a tocar a superfície do treinamento de visualização – relacionado às artes, ciências, ou simplesmente pelo prazer de ver nosso ambiente de forma mais rica. Deixe-me afirmar, de passagem, que Maria Montessori, defendia esta estranha mistura de mística e pragmatismo, tateando em direção a alguns conceitos como esses.

No nível da operação simbólica, acredito que o trabalho de Martin Deutsch com crianças desfavorecidas oferece um interessante ponto – um esforço consciente para levar as crianças ao domínio de habilidades verbais, ao sentido da paráfrase e à troca.[6] Isso, com certeza, não deve ser limitado, como esforço, apenas em favor dos desfavorecidos. Os novos currículos de matemática ilustram o quanto pode ser feito no treinamento das habilidades simbólicas.

Isso nos traz imediatamente a uma segunda conclusão relacionada literalmente ao significado da palavra currículo, uma palavra que deriva de um curso que deve ser executado. Talvez essa seja a palavra errada.

Um currículo deve envolver o domínio das habilidades, que, por sua vez, levam ao domínio de habilidades ainda mais complexas, ao estabelecimento de seqüências de auto-recompensa. É claro que isso pode ser feito em matemáticas e ciências, mas também é o caso em que a leitura de poesia simples traz a possibilidade de entender poesias cada vez mais complexas, ou a leitura de um poema faz que o próximo seja lido de forma recompensadora.

---

6 Martin Deutsch, "The Disadvantaged Child and the Learning Process: Some Social Phychological and Developmental Considerations," in A. Harry Pasow, ed., *Education in Depressed areas*. (New York: Teachers College Press, 1963)

A recompensa de um entendimento profundo é a atração mais robusta em relação ao esforço do que nós percebemos até o momento. A conseqüência dessa conclusão (que eu encorajei anteriormente) é que há uma versão de que qualquer habilidade ou conhecimento pode ser transmitida em qualquer idade em que se deseje iniciar o aprendizado – a despeito de haver uma versão preparatória. A escolha da primeira versão é baseada no que se espera acumular. A profundidade e riqueza dessa compreensão precoce é novamente a fonte da recompensa do trabalho intelectual.

A terceira conclusão é relacionada à mudança. Se há uma forma de se ajustar a ela, deve-se incluir, como notei, o desenvolvimento da metalinguagem e das meta-habilidades para negociar com a continuidade em mudança. O que isso pode ser é certamente um ponto controvertido, mas não de todo. A matemática é certamente a forma de metalinguagem mais geral que desenvolvemos e oferece as formas e padrões em termos de quais métodos são compreendidos. Vi-me forçado a concluir que nossa sobrevivência pode depender do alcance do conhecimento matemático indispensável para realizar os aparentes choques de mudança em algo contínuo e cumulativo. Mas, da mesma forma, há uma segunda disciplina que se ajusta à pesquisa por semelhança sob a superfície da diversidade e da mudança. Essa é, com certeza, a disciplina de poesia, um veículo de busca possuidor de ligação insuspeita.

Outra especulação sobre a preparação para mudança é que estamos fadados a nos mover em direção ao estudo da instrução nas ciências do comportamento e distantes do estudo da história. A história registrada tem somente cinco mil anos, como já vimos. A maior parte do que ensinamos está contida nos últimos séculos, pois os registros anteriores são mínimos e os posteriores são relativamente ricos. Suponhamos, porém, que a riqueza dos registros se eleve como uma função da nossa habilidade de desenvolver sistemas para armazenamento e restauração da informação. Daqui há centenas de anos estaremos cercados por um mar de informações. É possível que não sejam destacados com carinho os detalhes sobre a aquisição da Luisiana, Brumaire ou o Parlamento Longo. Essas são informações complementares em relação a tal estoque de documentos. No entanto, existem razões mais convincentes para um distanciamento histórico das ciências sociais e do comportamento.

Isso tem relação com a necessidade de estudar o possível ao invés do alcançável – um passo necessário se tivermos como intenção nos adaptarmos à mudança. São as ciências comportamentais e sua generalização a respeito das variações na condição humana que têm que ser centrais em nossa apresentação do homem, não às particularidades da sua história. Não é o mesmo que dizer que deveríamos desistir de estudar o passado, mas, ao invés disso, devemos perseverar neste estudo com um diferente ponto de vista final – o final do desenvolvimento do estilo. Para o desenvolvimento do estilo, seja ele o de escrever, dançar, amar ou comer, é necessário um senso do que sejam os termos contraste e concreto, o que não encontramos nas ciências do comportamento.

Finalmente, é certo que se nós pretendemos nos desenvolver livres enquanto espécie através da utilização do instrumento da educação, então teremos que providenciar recursos de maior monta para sustentar a estrutura do nosso sistema educacional. Desta forma, se não respondermos à aceleração das mudanças, teremos de reduzir o tempo de resposta do sistema. Para tanto, é necessária uma grande participação por parte daqueles nas fronteiras do conhecimento. Um matemático e professor proeminente, John Kemeny, há três décadas, realizou uma pesquisa sobre o ensino da matemática no ensino médio, não tendo encontrado teoria matemática com idade posterior a um século sendo ensinada! Esta situação foi melhorada na década seguinte, mas o trabalho acabou de começar.

Outra fonte que deve ser considerada é a psicologia moderna. Algo ocorreu à psicologia educacional, há poucas décadas, tendo-a colocado num padrão inferior do que ela goza atualmente. As circunstâncias não devem nos preocupar, com exceção de um aspecto. Parte do fracasso da psicologia educacional foi a sua insuficiência em compreender a totalidade do escopo da sua missão. Assumiu-se rápido demais que a tarefa central da psicologia era a aplicação da teoria da personalidade, ou dinâmicas de grupo, ou ainda qualquer coisa. De fato, nenhuma dessas práticas produziu uma contribuição maior para a prática educacional, em grande parte, porque a tarefa não era de aplicação, mas de formulação. A teoria do aprendizado, por exemplo, foi destilada a partir das descrições do comportamento em situações onde o ambiente foi arranjado de forma conveniente para a observação do comportamento no aprendizado ou sem um interesse teórico num aspecto determinado do aprendizado – reforço, exemplos ou qualquer outro. No entanto, a teoria da instrução, que deve estar no cerne da psicologia educacional, preocupa-se principalmente com a organização para a otimização do aprendizado, de acordo com vários critérios – para otimizar a transferência ou armazenamento da informação, por exemplo. Psicólogos necessitam retomar o trabalho no campo da educação com o objetivo de contribuir para a seqüência da evolução humana, a evolução que ocorre por meio da invenção social. Para tanto, a psicologia, mais do que qualquer outra disciplina, possui as ferramentas para explorar os limites do aperfeiçoamento humano. Realizando isso, penso que ela pode atingir o seu mais alto impacto social, mantendo vivo na sociedade o sentido do que é possível. Além disso, ela se torna necessária em vários campos do aprendizado para avaliar a forma na qual eles contribuem para a amplificação da mente – a forma de realizar ou experimentar ou raciocinar que é integral a eles e que deve ser parte do caminho da mente de um membro educado da cultura.

Há muitos detalhes a ensinar e dominar. Se fizermos justiça à nossa evolução, devemos, como nunca, procurar um meio de transmitir as idéias e habilidades cruciais, as características adquiridas expressam e amplificam o poder do homem. E podemos estar certos de que a tarefa demandará nossos melhores talentos. Eu ficaria contente se iniciássemos, todos nós, a reconhecer que isso é a nossa tarefa como profissionais do conhecimento e cientistas; a descobrir que fazer algo compreensível para os jovens é somente uma continuação do fazer algo inteligível para nós mesmos em primeiro lugar – que entender e auxiliar outros a entender são tarefas difíceis.

Capítulo 3

Notas Sobre a Teoria da Instrução

Neste ensaio, tentarei desenvolver alguns teoremas simples sobre a natureza da instrução. Ilustrarei-os por meio de referências ao ensino da matemática. A escolha da matemática como modo de exemplificação não é fundamentada nas qualidades típicas da mesma, pelo fato dela estar restrita a problemas bem-formulados e não se preocupar com provas empíricas, seja através de experimentos, seja por observação; nem é uma tentativa de elucidar o ensino da matemática, porque isso está acima da minha competência.

Antes de tudo, a matemática oferece um exemplo simples e acessível para o que, forçosamente, será um conjunto simplificado de proposições sobre ensino e aprendizado. Há dados disponíveis sobre o aprendizado de matemática que têm alguma influência sobre o nosso problema.

O plano é o seguinte: primeiramente, algumas características da teoria da instrução serão colocadas, seguidas pelo enunciado de alguns teoremas gerais sobre o processo instrucional. A partir desse ponto, tentarei, à luz de observações sobre o aprendizado da matemática, converter essas proposições gerais em hipóteses trabalháveis. Concluindo, algumas observações serão realizadas sobre a natureza da pesquisa como suporte da confecção de um currículo.

|A NATUREZA DA TEORIA DA INSTRUÇÃO|

A teoria da instrução é prescritiva, no sentido de que expõe regras com relação à forma mais efetiva de adquirir um conhecimento ou habilidade. Da mesma maneira, fornece um campo para crítica ou avaliação de qualquer meio particular do aprendizado ou ensino.

A teoria da instrução é normativa. Ela propõe critérios e determina as condições para encontrá-los. Os critérios devem ter um alto grau de generalidade, por exemplo, a teoria da instrução não deve especificar, de forma *ad hoc,* as condições para um aprendizado eficiente em aritmética do terceiro ano do Ensino Fundamental; essas condições devem ser derivadas de uma visão geral do aprendizado da matemática.

Pode-se perguntar por que a teoria da instrução é necessária, se temos a psicologia que já contém teorias sobre aprendizado e desenvolvimento. No entanto, as teorias do aprendizado e desenvolvimento são descritivas, e não prescritivas. Elas nos dizem o que ocorre após um fato, por exemplo, a maior parte das crianças com seis anos não possue noção de reversibilidade. A teoria da instrução, por outro lado, tentará estabelecer a melhor forma para levar à criança a noção de reversibilidade.

A teoria da instrução, em resumo, está preocupada em como o conteúdo que se deseja ensinar pode ser mais bem aprendido.

Não afirmamos que as teorias do aprendizado e desenvolvimento sejam irrelevantes para a teoria da instrução. De fato, a teoria da instrução tem, necessariamente, que se ocupar com o aprendizado e o desenvolvimento, e precisa ser congruente com as idéias representadas por estas teorias.

A teoria da instrução tem quatro características principais:

1. A teoria da instrução deve especificar as experiências que mais efetivamente imbuem o indivíduo da predisposição do aprender (entendido como aprendizado geral ou um tipo específico de aprendizado). Por exemplo, quais tipos de relacionamentos com pessoas e objetos na pré-escola farão a criança sentir vontade e estar apta a aprender quando ela entrar na escola?
2. A teoria da instrução tem que especificar as formas nas quais um corpo de conhecimento deve ser estruturado, para que ele possa ser entendido mais rapidamente pelo aprendiz. A "estrutura ótima" se refere ao conjunto de proposições a partir das quais um amplo corpo de conhecimento pode ser gerado, e é característico que a formulação de tal estrutura depende do estado de avanço de uma determinada área de conhecimento. A natureza das diferentes estruturas ótimas serão consideradas

com mais detalhes posteriormente. Neste ponto, é suficiente dizer que o mérito da estrutura depende do seu poder para *simplificar a informação, gerar novas proposições* e *aumentar a manipulabilidade do corpo de conhecimento*. A estrutura precisa sempre estar relacionada à situação social e ao dom do aprendiz. Vista desta forma, a estrutura ótima de um corpo de conhecimento não é absoluta, mas relativa.

3. A teoria da instrução deve especificar as seqüências mais efetivas para apresentar os materiais a serem aprendidos. Quando, por exemplo, se quiser ensinar a estrutura da moderna teoria da física, como se deve proceder? Apresentam-se materiais concretos primeiramente como forma de extrair questões sobre regularidades recorrentes? Ou se inicia com uma notação matemática formal que torna mais simples a tarefa de representar, posteriormente, as regularidades encontradas? Quais resultados são produzidos em cada método? Como descrever a associação ideal entre eles? A questão da seqüência será tratada em detalhes, posteriormente.

4. Finalmente, a teoria da instrução deve explicar minuciosamente a natureza e o ritmo das recompensas e punições no processo de aprender e ensinar. Intuitivamente, parece claro que, à medida que o aprendizado progride, há um ponto no qual é melhor substituir as recompensas extrínsecas, como o elogio do professor, por recompensas intrínsecas inerentes à resolução de problemas por parte do aluno. Então, também há um ponto em que a recompensa imediata pelo desempenho deve ser substituída pela recompensa tardia. Os momentos da troca da recompensa extrínseca pela intrínseca e da imediata para a tardia são pobremente entendidos e, obviamente, muito importantes. Seria o caso, por exemplo, de sempre que o aprendizado envolver integração de uma longa seqüência de atos, a substituição dever ser realizada tão cedo quanto possível da recompensa imediata para tardia e de extrínseca para intrínseca?

Está além do escopo de um único ensaio aspirar a explicação com todos os detalhes dos quatro aspectos da teoria da instrução descritos anteriormente. O que eu tentarei fazer aqui é explorar um teorema maior relativo aos quatro aspectos. O objeto não é o entendimento, mas a exemplificação.

|PREDISPOSIÇÕES|

É costumeiro, na discussão das predisposições para aprender, centrar o foco nos fatores culturais, motivacionais e pessoais, afetando o desejo de aprender e empreender a resolução de problemas. Há, por exemplo, a relação do instrutor com o estudante – qualquer que seja o *status* formal do instrutor, seja ele professor ou um dos pais.

Desde que a relação entre um que possui algo e outro que não possui, há sempre um problema especial de autoridade envolvido na situação instrucional. A regulação dessa relação de autoridade afeta a natureza do aprendizado que ocorre, o grau no qual o aprendiz desenvolve uma habilidade independente, o grau em que ele está confiante da sua capacidade de realizar sozinho, e assim por diante. As relações entre quem ensina e quem aprende nunca são indiferentes em seu efeito sobre o aprendizado. E, desde que o processo instrucional seja essencialmente social – particularmente em seus estágios iniciais, quando envolve pelo menos o professor e o aprendiz –, é claro que a criança (especialmente ela tem que enfrentar a escola) necessita ter um domínio social mínimo necessário para o engajamento no processo instrucional.

Há atitudes que diferem em relação à atividade intelectual em classes sociais diferentes, sexos diferentes, faixas etárias diferentes e diferentes grupos étnicos. Essas atitudes, transmitidas culturalmente, também padronizam a utilização da mente. Algumas tradições culturais são, por estimativa, mais bem-sucedidas do que outras na produção de cientistas, literatos e artistas. A antropologia e a psicologia pesquisam as formas nas quais a tradição e a função afetam as atitudes na utilização da mente. A teoria da instrução se ocupa, ao invés disso, da questão de como utilizar melhor um dado padrão cultural na aquisição de um certo objetivo instrucional. Sem dúvida, esses fatores são de enorme importância; mas nós nos concentraremos em uma exemplificação mais cognitiva: na predisposição de explorar alternativas.

Se aprender e solucionar problemas dependem da exploração de alternativas, a instrução tem que facilitar e regular a exploração e alternativas por parte do aprendiz. Existem três aspectos na exploração de alternativas, cada um deles relacionado à regulação do comportamento investigativo.

Eles podem ser descritos de forma estenográfica, como ativação, manutenção e direção. Para colocar isso de outra forma, a exploração das alternativas requer algo para iniciar, algo para manter em movimento e algo para ordenar.

A condição principal para ativar a exploração das alternativas em uma tarefa é a presença de um nível ótimo de incerteza. A curiosidade, como tem sido persuasivamente colocado,[1] é a resposta à incerteza e à ambigüidade. Uma tarefa da rotina diária provoca pouca exploração, outra com um alto grau de incerteza poderia causar confusão e ansiedade, com o efeito de reduzir a exploração.

A manutenção da exploração, uma vez ativada, requer que os benefícios da mesma excedam os riscos incorridos. Aprender algo com o auxílio de um instrutor deve, se o instrutor é efetivo, ser menos perigoso, arriscado ou doloroso do que aprender sozinho. Isto é, as conseqüências do erro, da exploração das alternativas erradas, devem ser menos graves sob o regime de instrução; e os frutos da exploração das alternativas corretas devem ser correspondentemente maiores.

A direção apropriada da exploração depende da interação de duas condições: um senso do objetivo de uma tarefa e o conhecimento da relevância das alternativas testadas para o alcance desse objetivo. Para a exploração ter direção, em resumo, o objetivo da tarefa precisa ser conhecido de forma aproximada, e o exame das alternativas precisa produzir informação de onde se está com respeito a este objetivo. Enfim, a direção depende do conhecimento dos resultados dos testes do aprendiz e a instrução deve ter uma margem acima da aprendizagem espontânea para fornecer mais sobre tal conhecimento.

| A ESTRUTURA E A FORMA DO CONHECIMENTO |

Qualquer idéia, problema ou corpo de conhecimento pode ser apresentado de forma simples o suficiente para que qualquer aprendiz possa entender de forma reconhecível.

A estrutura de qualquer domínio do conhecimento pode ser caracterizada de três formas, cada uma delas afetando a capacidade do aprendiz de dominá-lo: o modo de representação no qual ele é colocado, sua economia e seu poder efetivo. Modo, economia e poder variam

---

1 D. E. Berlyne, *Conflict and Curiosity* (New York: McGraw-Hill, 1960).

em relação a diferentes idades, estilos entre os aprendizes e tipos de assuntos.

Qualquer domínio do conhecimento (ou qualquer problema compreendido no domínio do conhecimento) podem ser representados de três formas: por uma série de ações apropriadas alcançando certo resultado (representação operativa); por um conjunto de imagens ou gráficos que representem um conhecimento sem defini-lo totalmente (representação icônica); e pelo conjunto de proposições simbólicas ou lógicas, desenhadas a partir de um sistema simbólico, governado por regras ou leis para formar e transformar proposições (representação simbólica). A distinção pode ser feita mais conveniente e concretamente em termos de uma trave de equilíbrio, que deveremos considerar como implemento para o ensino da função quadrática para crianças. Uma criança bem jovem pode, perfeitamente, compreendê-la com base nos princípios de uma trave de equilíbrio, e indicar a possibilidade de realizá-lo, sendo capaz de dominar a si própria no movimento de subida e descida na gangorra. Ela sabe que, para colocar o seu lado para baixo, deve se mover à frente do seu centro. Uma criança um pouco mais velha pode representar a trave de equilíbrio para si mesma por meio de um modelo no qual anéis são pendurados e balançados, ou ainda pode fazer esta representação por meio de desenho. A "imagem" da trave de equilíbrio pode ter uma forma variada e refinada, com um número cada vez menor de detalhes irrelevantes presentes, como nos diagramas típicos de um livro introdutório de física. Finalmente, uma trave de equilíbrio pode ser descrita em inglês comum, sem auxílio de diagramas, ou ainda ser melhor descrita matematicamente pela referência à lei de Newton sobre gravidade, em física referente a inércia. Desnecessário dizer que ações, fotos e símbolos variam em dificuldade e utilidade para pessoas de diferentes faixas etárias, experiências e estilos. Além disso, um problema em uma lei é difícil de demonstrar em um diagrama, ao passo que um problema em geografia pode ser resolvido por meio de imagens. Vários assuntos, como matemática, têm modos alternativos de representação.

A economia na representação do domínio do conhecimento tem relação com a quantidade de informação que necessita ser memorizada e processada para atingir a compreensão. Quanto maior a quantidade de itens de informação que alguém necessita armazenar para compreender algo ou resolver um problema, maior a quantidade de passos sucessivos realizados no processamento da informação para atingir uma conclusão e, portanto, menor a economia. Para qualquer domínio do conhecimento, pode-se classificar resumos disso em termos de sua economia. É mais econômico (embora menos poderoso) resumir a guerra civil americana como uma batalha contra a escravidão do que como um esforço entre a expansão industrial de uma região e a construção de uma classe social para o controle da política econômica federal. É mais econômico resumir as características dos corpos em queda livre pela fórmula $S=1/2gt^2$ do que colocar uma série de números em forma tabular e resumir uma série de observações feitas sobre diferentes corpos em queda, a partir de diferentes distâncias e diferentes campos gravitacionais. A questão é, talvez, melhor resumida pelas duas formas de transmitir informação, uma que requer a apresentação de muita informação e outra mais imediata em seu processamento. Uma sentença altamente elaborada é um exemplo da questão anterior (esse é o esquilo que foi perseguido pelo cachorro que a menina alimentou e que era amada pelo homem). O caso em contraste é mais econômico (esse é o homem que amou a menina que alimenta o cachorro que perseguiu o esquilo).

Economia, como veremos, varia de acordo com o modo de representação. Mas economia também é uma função da seqüência na qual o material é apresentado ou a maneira como ele é aprendido. O caso pode ser exemplificado da seguinte forma (estou em débito com o Dr. J. Richard Hayes pelo exemplo): suponha que o domínio de conhecimento consista no serviço de vôo disponível em um período de doze horas entre cinco cidades no nordeste – Concord, New Hampshire, Albany, New York, Danbury, Connecticut, Elmira, e Boston em Massachusetts. Um dos meios no qual o conhecimento pode ser dominado é pedindo aos estudantes que memorizem a seguinte lista de conexões:

        Boston a Concord
        Danbury a Concord
        Albany a Boston
        Concord a Elmira
        Albany a Elmira
        Concord a Danbury
        Boston a Albany
        Concord a Albany

Agora, nos perguntamos: qual o percurso mais curto para realizar uma volta de Albany a Danbury? A quantidade de informação que deve ser processada para responder a questão sob tais condições é considerável. Nós aumentamos a economia por meio da "simplificação dos termos" de certas formas características. Um delas é introduzir uma ordem arbitrária, mas inteligível – no caso, uma ordem alfabética. Nós reescreveríamos a lista:

> Albany a Boston
> Albany a Elmira
> Boston a Albany
> Boston a Concord
> Concord a Albany
> Concord a Danburry
> Concord a Elmira
> Danbury a Concord

A pesquisa se torna, desta forma, mais fácil, mas há ainda uma propriedade de tentativa seqüencial na tarefa. A economia é elevada pela utilização de um diagrama esquemático notacional, havendo novamente vários graus de economia em tal recurso do modo icônico.
Compare o diagrama da esquerda com o da direita.

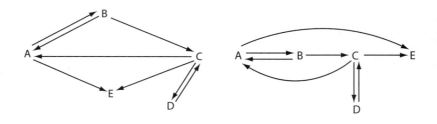

O último contém, batendo o olho, a informação do percurso de Albany a Danbury ida e volta, e a cidade de Elmira é apenas uma armadilha. Que diferença entre este diagrama e a primeira lista!

O poder efetivo de qualquer forma de estruturação do domínio do conhecimento para um estudante em particular se refere ao valor generativo do conjunto de proposições aprendidas por ele. No último parágrafo, o aprendizado da rota de um conjunto de conexões entre cidades resultou em uma estrutura inerte, na qual era difícil gerar direções através do conjunto de cidades. Ou, para citar um outro estudo,[2] crianças que recebiam a informação "Mary é mais alta do que Jane e Betty é mais baixa do que Jane" frequentemente eram incapazes de dizer se Mary era mais alta do que Betty. Pode-se observar que a resposta está "lá", na lógica da transitividade. No entanto, afirmar isso é perder o ponto psicológico.

O poder efetivo nunca irá exceder a lógica generativa inerente ao assunto, embora essa seja uma difícil afirmação do ponto de vista epistemológico. Em termos de bom senso, isso atinge a banalidade de que entender um campo do conhecimento nunca será melhor do que o melhor que se pode realizar com esse campo de conhecimento. O poder efetivo, na esfera particular de entendimento do aprendiz, é o que se procura descobrir por meio de uma análise próxima de como, de fato, ele trata da sua tarefa de aprender. Muito das pesquisas de Piaget[3] tenta descobrir apenas esta propriedade sobre a forma de aprender e pensar das crianças.

Há uma interessante relação entre a economia e o poder. Teoricamente, os dois são independentes: sem dúvida, é certo que uma estrutura pode ser econômica, mas desprovida de poder. No entanto, é raro que uma técnica estruturada de forma potente, em qualquer campo do conhecimento, seja dispendiosa. Isso é o que leva ao cânone de parcimônia e fé, dividido por muitos cientistas de que a natureza é simples: talvez apenas quando a natureza é apresentada de forma razoavelmente simples, ela pode ser entendida. O poder da representação também pode ser descrito como a capacidade possuída nas mãos do aprendiz de conectar assuntos que, ao menos aparentemente, são extremamente dissociados. Isso é especialmente crucial em matemática. Voltaremos a este assunto mais tarde.

---

2 Margaret Donaldson, *A Study of Children's Thinking* (London: Tavistock Publications, 1963).
3 Jean Piaget, *The Child's conception of Number* (New York; Humanities Press, 1952).

|A SEQÜÊNCIA E SEUS USOS|

A instrução consiste na condução do aprendiz através de uma seqüência de explicações e re-explicações de um problema ou corpo de conhecimento, o que eleva a capacidade do aprendiz de entender, transformar e transferir o que está aprendendo. Em resumo, a seqüência na qual o aprendiz encontra os conteúdos de um domínio do conhecimento afeta a dificuldade que ele encontrará em alcançar o mais pleno domínio.

Há várias seqüências equivalentes nas suas facilidades e dificuldades para os aprendizes. Não há uma seqüência única para todos os aprendizes, e o ótimo para cada caso dependerá de uma variedade de fatores, incluindo o grau de aprendizado anterior, estágio de desenvolvimento, natureza do conteúdo e as diferenças individuais.

Se for verdade que o curso usual do desenvolvimento intelectual avança a partir da representação ordenativa para a icônica e, finalmente, para simbólica do mundo,[4] é possível que uma seqüência ótima progrida em uma mesma direção. Obviamente, esta é uma doutrina conservadora. Quando o aprendiz tem um sistema simbólico bem-desenvolvido, é possível não utilizar os dois primeiros estágios. Pode-se fazê-lo com o risco de que o aprendiz não possua a imagem necessária para retornar quando suas representações simbólicas falham em alcançar o objetivo na resolução do problema.

A exploração de alternativas será necessariamente afetada pela seqüência na qual o conteúdo a ser aprendido se torna disponível para o aluno. Quando o aprendiz deve ser encorajado a explorar mais amplamente, e quando ele deve ser encorajado a se concentrar nas implicações de uma única hipótese é uma questão empírica, à qual retornaremos mais tarde.

Reverter a situação anterior à discussão da ativação e à manutenção do interesse é necessário para especificar em qual seqüências os níveis de incerteza e tensão que têm que estar presentes para iniciar o comportamento de resolução do problema, e quais condições são necessárias para manter ativa a estrutura de resolução do problema. Essa é também uma questão empírica.

---

[4] Jerome S. Bruner, "The Course of Cognitive Growth," *American Psychologist*, 19:1-15 (January 1964).

Seqüências ótimas, como afirmado anteriormente, não podem ser especificadas independentemente dos critérios em termos de qual aprendizado final deve ser julgado. A classificação de tal critério incluirá, pelo menos, o seguinte: velocidade de aprendizado; resistência ao esquecimento; transferência do que está sendo aprendido a novas instâncias; forma de representação em termos do que foi aprendido deve ser expressa; economia do que tem que ser aprendido em termos de tensão cognitiva imposta; poder da efetividade do que foi aprendido em termos de sua generatividade de novas hipóteses e combinações. Alcançar um desses objetivos não torna necessariamente uns mais próximos dos outros; velocidade de aprendizado, por exemplo, é algo antiético para a transferência ou para a economia.

| A FORMA E O RITMO DO REFORÇO |

O aprendizado depende do conhecimento dos resultados em um período (quando) e um lugar (onde) o conhecimento pode ser utilizado para correção.

A instrução eleva o ritmo apropriado e a colocação do conhecimento corretivo.

"O conhecimento de resultados" é útil ou não, dependendo de quando e onde o aprendiz recebe a informação corretiva, sob quais condições tal informação corretiva pode ser utilizada, mesmo assumindo a relação de tempo e lugar do que foi recebido.

Aprendizado e resolução dos problemas são divisíveis em fases. Elas são descritas em várias formas por diferentes escritores. No entanto, todas as descrições concordam com uma característica essencial: esse é um ciclo que envolve a formulação de um processo de verificação ou avaliação, a operação deste processo de verificação e a comparação de resultados do teste com alguns critérios. Ele tem sido denominado de tentativa e erro, teste de meios-fim, tentativa e avaliação, redução da discrepância, avaliação-operação-avaliação-êxito (TOTE), teste de hipóteses etc. Estas unidades, além disso, podem prontamente ser caracterizadas como hierarquicamente organizadas: nós procuramos traduzir o desconhecido em uma equação, com o intuito de simplificar a expressão para resolver a equação, visando a aprovação na disciplina com o objetivo de concluir o curso superior e conseguir um emprego decente para levar uma boa vida. O conhecimento de resultados deve ir ao ponto no episódio da resolução de problemas, em que o indivíduo compara os resultados das suas tentativas com alguns critérios do que se procura alcançar. O conhecimento de resultados dados antes desse ponto não podem ser entendidos ou devem ser carregados como um peso extra na memória imediata. Mas o conhecimento de resultados tem, para ser útil, que fornecer informação não somente sobre se uma ação particular produziu sucesso ou não, mas também sobre se essa ação, de fato, conduziu o aprendiz através da hierarquia de objetivos que se procura alcançar. Não significa que, quando cancelamos o termo na equação, precisamos saber se tudo isso guiará eventualmente para a boa vida ou não. Ainda assim deve haver, no mínimo, alguma "advertência" disponível para saber se o cancelamento é ou não a regra geral. É aqui que o tutor tem um papel especial para a maior parte dos inícios de aprendizagem, ao invés de fragmentação sem a integração dos componentes ou elementos. Geralmente, o aprendiz pode dizer se um determinado ciclo de atividade funcionou ou não – retroalimentação de eventos específicos é muito simples. Mas, freqüentemente, ele não consegue dizer se este ciclo que completou o leva ao seu objetivo eventual. O interessante é que um dos atalhos não rigorosos para a resolução do problema são as regras básicas da "heurística", citadas nas anotações[5] de Polya, relacionadas com a definição do problema como um todo. Resumindo, a instrução fornece unicamente informação para o aprendiz sobre a alta ordem de relevância do seu esforço. Em tempo, com certeza, o aprendiz precisa desenvolver técnicas para obter esta alta ordem corretiva da informação por si próprio, porque a instrução e seus auxílios têm, eventualmente, que chegar a um fim. Finalmente, se o solucionador de problemas assumir o comando da sua função, é necessário que ele aprenda a reconhecer quando não compreende e, como Roger Brown[6] sugeriu, sinalizar incompreensão ao tutor de forma que ele possa ser ajudado. Desta forma, a sinalização da incompreensão torna-se uma auto-sinalização e o equivalente a uma ordem temporária de parada.

---

5 Gyorgy Polya, *How To solve It,* 2nd ed. (New York: Doubleday, 1957)
6 Roger Brown *Social Psychology* (New York: Free Press of Glencoe, 1965), chapter 7, " From Codability to Coding Ability".

A capacidade do solucionador de problema em utilizar a informação corretamente é conhecida por variar em função de seu estado interno. Um estado no qual a informação é menos útil é aquele em que há forte impulso e ansiedade. Há suficiente corpo de conhecimentos para estabelecer este ponto além de qualquer dúvida razoável.[7] Outro estado é descrito como "fixação funcional" – um solucionador de problemas está, com efeito, utilizando a informação corretiva exclusivamente para avaliação de uma única hipótese que, porventura, está errada. O exemplo usual está tratando um objeto em termos de sua significância convencional, quando precisa ser tratado em um novo contexto. Por exemplo: nós falhamos em utilizar o martelo como um pêndulo porque este objeto está fixado em nosso pensamento como um martelo. Numerosos estudos apontam para o fato de que durante este período há uma notável intratabilidade ou mesmo incorrigibilidade em relação à solução do problema. Há evidências que indicam uma alta motivação e ansiedade, levando-o a ser mais inclinado à fixação funcional. É óbvio que a informação corretiva do tipo usual, retroalimentação direta, é menos útil durante tais estados que uma estratégia instrucional adequada, objetiva – acabando com o estado de interferência com a utilização de meios especiais antes de continuar com o fornecimento usual de correção. Nestes casos, a instrução está na fronteira de um tipo de terapia, e isso ocorre talvez devido à necessidade terapêutica que os indivíduos geralmente têm de conselhos semelhantes à terapia em listas de auxílio para solucionadores de problemas – como a opinião de George Humphrey,[8] em que se pode fugir do problema quando ele é muito difícil.

Se a informação for utilizada efetivamente, ela deve ser traduzida na forma do aprendiz tentar solucionar seu problema. Se tal transferência não está presente, a informação é simplesmente inútil. Dizer a um esquiador iniciante para "transferir o peso para o lado ascendente da montanha" quando ele não distingue qual é o lado em que ele está esquiando não ajuda em nada; dizer a ele simplesmente para inclinar-se contra a montanha pode ser útil. Ou, na esfera cognitiva, há, no momento, um impressionante corpo de evidências que indica que a "informação

---

[7] Para ver toda a documentação veja Jerome S. Bruner, " Some Theorems on Instruction Illustrated with reference to Mathematics," *Sixty-third Yearbook of the National Society for Study of Education*, Part I (Chicago: University of Chicago Press, 19640, p. 306-335.
[8] George Humphrey, *Directed Thinking* (New York: Dodd, Mead, 1948).

negativa" – informação sobre algo que não é – é peculiarmente inoperante para a pessoa que procura aprender um conceito. Embora seja utilizável, esta informação é psicologicamente inútil.

A transferência da informação corretiva pode, em princípio, também ser aplicada à forma de representação e à sua economia. Se o aprendizado ou a resolução de problemas é realizada de certa forma – ordenativa, icônica ou simbólica – a informação corretiva deve ser dada da mesma forma ou de uma que a traduza. A informação corretiva que excede a capacidade de processamento da informação é, obviamente, perda de tempo.

Finalmente, é necessário reiterar um ponto geral que já foi previamente discutido. A instrução é um estado provisório que tem como objetivo fazer que o aprendiz ou o solucionador do problema seja auto-suficiente.

Qualquer regime de correção carrega o perigo de que o aprendiz possa se tornar dependente das correções do tutor. O tutor deve corrigir o aprendiz numa forma que, eventualmente, torne possível ao aprendiz comandar a função corretiva por si próprio. De outra forma, o resultado da instrução é criar uma forma de domínio sobre o assunto, que é contingente da presença perpétua de um professor.

| EXEMPLIFICAÇÕES SELECIONADAS SOBRE A MATEMÁTICA |

Antes de iniciarmos a tarefa de exemplificar alguns pontos que foram levantados, são necessárias algumas palavras sobre o que pretendemos com essas exemplificações. Durante a última década, muito trabalho foi realizado em relação ao currículo de matemática. É só citar os projetos mais conhecidos para apreciar a magnitude do esforço: grupo de estudo da escola de matemática, Comitê da Universidade de Illinois sobre Matemática Escolar, vários projetos dos serviços educacionais incorporados, Projeto Madison, Projeto Matemático Africano, Projeto de Matemática da Universidade de Maryland, Projeto de Aritmética da Universidade de Illinois e o Projeto Stanford. Destas atividades, seria possível escolher exemplos de muitas propostas. Exemplos, neste contexto, não constituem evidência.

O fato é que a evidência disponível nos fatores que afetam o aprendizado de matemática ainda é muito esparso. A pesquisa sobre o processo instrucional – na matemática e em todas as disciplinas – não pode ser carreada em conexão com a construção de currículos. Como notado, psicólogos surgiram armados com dispositivos de avaliação somente após um currículo ser colocado em prática. Certamente, seria mais eficiente e útil se os materiais instrucionais embrionários pudessem ser testados sob condições experimentais, de forma que uma revisão e a correção pudesse ser baseada no conhecimento imediato de resultados.

Por meio de estudos observacionais sistemáticos – próximos em espírito aos trabalhos de Piaget e ao de etiologistas, como Tinbergen[9] – pesquisadores poderiam obter informação suficientemente detalhada, que os auxiliaria no discernimento de como os estudantes apreendem o que foi apresentado, quais são seus erros sistemáticos e como são superados. Na medida em que se formaliza, em termos da teoria do aprendizado ou conceito de realização, a natureza dos erros sistemáticos e as estratégias de correção empregadas, capacita-se a variação sistemática das condições que podem afetar o aprendizado e construir esses fatores diretamente em uma prática curricular. Nenhum desses estudos tem necessidade de permanecer puramente observacionais. Freqüentemente, é possível estruturar um conteúdo de matemática de uma forma programada e obter um comportamento detalhado de registros para análise.

Para esclarecer o que é pretendido por meio de uma análise detalhada do processo de aprendizagem, um exemplo proveniente do trabalho de Patrick Suppes será útil.[10] Ele observou, por exemplo, que a forma $3 + x = 8$ é mais fácil para as crianças do que a forma $x + 3 = 8$ e, enquanto este achado pode, superficialmente, parecer trivial, uma inspeção detalhada mostra que ele não é. A dificuldade vem em negociar com o desconhecido no início de uma expressão ou a partir de uma transferência de hábitos lingüísticos provenientes do Inglês comum, onde as sentenças são mais fáceis de completar quando o termo situado no meio está ausente, e não o termo do início da sentença. A questão de onde a incerteza pode ser mais bem tolerada

---

9 Nikolas Tinbergen, *Social Behavior in Animals*. (New York: John Wiley & Sons, 1953)
10 Patrick Suppes, "Towards a Behavioral Psychology of Mathematics Thinking", in J. Bruner, ed. *Learning about Learning*, U.S Office of Education Monograph, in press.

e a da possibilidade de interferência entre hábitos lingüísticos e hábitos matemáticos são certamente dignos de estudo detalhado.

Deixe-me voltar agora aos exemplos da matemática, que têm o efeito de demonstrar problemas levantados nos teoremas e hipóteses apresentadas anteriormente. Eles não são evidências de nada, somente formas de localizar o que pode ser válido estudar detalhadamente.[11]

Apesar de apresentar observações desenhadas em diferentes contextos, eu confinarei a discussão a um estudo levado a efeito em um pequeno grupo.[12] As observações a serem reportadas foram feitas em crianças de oitos anos, dois garotos e duas garotas, que tiveram uma hora diária de instrução em matemática, quatro vezes por semana, durante seis semanas. As crianças tinham um QI que variava de 120 a 130 e estavam matriculadas no terceiro ano do Ensino Fundamental de escolas privadas que enfatizavam a instrução baseada no estímulo da solução independente de problemas. Elas eram todas de famílias de classe média. O "professor" da classe era o renomado pesquisador em matemática Z. P. Dienes e seu assistente, um professor de psicologia em Harvard que trabalhou longa e duramente no entendimento do processo de pensamento humano.

Cada criança trabalhou em um lado de uma mesa, em uma sala ampla. Próximo a cada criança sentou-se um tutor-observador, treinado em psicologia e com experiência suficiente em matemática para entender os fundamentos da disciplina que foram ensinados. No meio da sala, havia uma grande mesa dotada de um suprimento de blocos, pequenas gangorras, copos, traves e giz, que serviram de apoio instrucional. No curso de seis semanas, as crianças receberam instruções em fatoração, nas propriedades distributiva

---

[11] Para uma discussão mais detalhada de algumas observações mencionadas refira-se a Bruner, *The Course of Cognitive Growth*, and to Jerome S. Bruner e Helen Kenney, *Representation and Mathematics Learning*, in L. Morrisett e Vinsonhaler, eds., Mathematical Learning, Monographs of the Society for Research in Child development, 30 (university of Chicago Press, 1965), p. 50-59. As "polarizações" nas quais estes trabalhos foram observados estão em Jerome S. Bruner, *The Process of Education* (Cambridge: Harvard University Press, 1960), e em J. S. Bruner, J.J. Goodnow, e G. A. Austin, *A Study of Thinking*. (New York: John Wiley & Sons, 1956)

[12] "Sou grato a Z. P. Dienes, Samuel Anderson, Eleanor Druckworth e Joan Rigney Hornsby pela sua ajuda no projeto e na extensão que ampliou este estudo. O Dr. Dienes, particularmente, contribuiu para formar nosso pensar sobre a modalidade e apresentar os materiais matemáticos.

e comutativa de adição e multiplicação e, finalmente, nas funções quadráticas. Cada criança tem disponível uma série de cartões com problemas graduados, que elas poderiam solucionar no ritmo que quisessem. Os cartões indicavam informações para diferentes tipos de exercícios, utilizando os conteúdos relacionados acima. O instrutor e seu assistente circulavam de mesa em mesa, auxiliando quando necessário, e cada tutor-observador similarmente assistia quando necessário. A seqüência de problemas era estruturada, primeiro, na apreciação das idéias matemáticas através de construções concretas envolvendo conteúdos de vários tipos. A partir de tais construções, as crianças eram encorajadas a formar imagens perceptivas da idéia matemática em termos das formas que eram construídas. A criança era então encorajada a desenvolver e adotar a notação para descrever a sua construção. Após este ciclo, a criança progredia para a construção de uma próxima materialização da idéia na qual ela estava trabalhando, uma que é matematicamente isomórfica em relação ao que ela aprendeu, embora expressa em diferentes materiais e com aparência alterada. Quando o novo tópico foi introduzido, as crianças tiveram a chance de descobrir sua conexão com o que ocorreu antes e foi mostrado como estender o sistema notacional usado anteriormente. Anotações cuidadosas, feitas minuto a minuto, sobre os procedimentos foram mantidas junto a fotografias das construções das crianças.

    De forma alguma é possível afirmar que as crianças, os professores, as classes ou a matemática ensinada são exemplos de conteúdos típicos do que ocorre na terceira série. Quatro crianças raramente têm seis professores, nem aprendem comumente funções quadráticas. Porém, nossa preocupação era com o processo envolvido no aprendizado da matemática, e não com a tipicidade. Parece razoável supor que os processos de pensamentos que ocorreram nas crianças são verdadeiramente comuns entre seres humanos de oito anos.

|ATIVANDO A SOLUÇÃO DE PROBLEMAS|

Uma das tarefas encaradas neste estudo foi a de ganhar e manter o interesse das crianças e liderá-las à atividade da solução do problema. Ao mesmo tempo, houve um objetivo específico a ser alcançado: ensinar fatoração às crianças, de forma que elas pudessem ter este componente de habilidade de forma acessível na solução de problemas. É impossível dizer, na base da nossa experiência, se o método empregado foi o melhor, mas em nenhum caso ele pareceu funcionar. Uma parte considerável do trabalho de ativação foi realizada antes mesmo das crianças estabelecerem contato com os pesquisadores. Elas tinham modelos exploratórios de trabalho em seus professores e pais. Elas não tiveram nenhuma resistência particular em tentar e rejeitar hipóteses. O principal problema que enfrentaram, na medida em que os professores eram em número maior do que os estudantes, era impedir que os estudantes convertessem a tarefa em algo em que eles fossem dependentes dos professores. Todos nós tivemos experiência de trabalhar com crianças intelectualmente menos privilegiadas, onde havia menos ênfase na autonomia intelectual e o contraste era apreciável. De fato, eu só posso repetir que onde a predisposição para aprender foi considerada, as crianças da pesquisa foram quase especificamente treinadas para este tipo de abordagem que nós utilizamos – abordagem com extrema ênfase na independência, no auto-ritmo e nos reflexos. Se tivéssemos utilizado uma abordagem mais autoritária e mnemônica com esse grupo, teríamos que preparar o terreno. Da forma realizada, a tarefa foi bem iniciada.

A primeira tarefa de aprendizagem introduzida foi uma que tem relação com diferentes formas na qual um conjunto de blocos cúbicos poderia ser arranjado como superfície (colocados de forma retangular na mesa com não mais do que um cubo de altura) e em "muros" e "prédios".

O problema continha uma interessante incerteza e as crianças foram encorajadas a determinar se haviam exaurido todas as possibilidades de colocação dos cubos. Inquestionavelmente, eles pegaram algum gosto a partir da evidente curiosidade dos professores. Após certo tempo, as crianças foram encorajadas a iniciar um diário de anotações com as diferentes formas que elas poderiam utilizar e quais as suas dimensões.

Certos números de cubos provaram ser intratáveis para a formação (os primos, claro), e outros foram combinados de forma interessante – três linhas de três cubos perfazem nove, três camadas dessas nove superfícies têm as dimensões de 3x3x3, e assim por diante. A idéia de fatoração foi logo entendida, e com pouco aconselhamento sobre a distribuição. A tarefa tem sua direção própria construída no sentido de um claro objetivo: como organizar um conjunto de cubos em formas regulares bi ou tridimensionais? Isso também teve a característica adicional de que a idéia de alternativas estava embutida: quais são as diferentes formas de manter tal regularidade? Na medida em que as crianças ganham em habilidade, elas substituem a forma de organizar os cubos – em pirâmides, em triângulos onde os cubos eram tratados como diamantes, e assim por diante. Nesse estágio do jogo, é necessário julgar em cada caso se a criança deve ser deixada sozinha para descobrir à sua própria maneira.

Veremos, quando discutirmos a gangorra, que a idéia de fatoração foi aprofundada, sendo aplicada a um "novo" problema. Eu menciono aqui o ponto porque ele tem relação com a importância de manutenção de um conjunto de resolução de problemas em uma direção contínua. Freqüentemente, é o caso de uma novidade ser introduzida com o intuito de fazer que o projeto continue. No caso da balança, a tarefa foi descobrir diferentes combinações de anéis que poderiam ser colocados de um lado da balança para equilibrar um anel colocado no gancho. Com efeito, esse é o mesmo problema como o indagado nas diferentes formas de arrumar os nove blocos, porém de maneira diferente. E com a nova incorporação parecendo capaz de estimular o interesse, mesmo sendo isomorfa, com algo mais a ser explorado até a fronteira da saciedade.

| ESTRUTURA E SEQÜÊNCIA |

Podemos exemplificar melhor os pontos marcados no princípio pela referência do nosso ensino de equações quadráticas aos quatro estudantes que pesquisamos. Cada criança recebeu materiais para construção. Eles eram grandes quadrados de madeira, cujas dimensões não foram especificadas, sendo descritas simplesmente como "desconhecido, ou x longo e x comprido". Havia um grande número de tiras de madeira, que eram tão longas quanto os lados do quadrado e descritas arbitrariamente como possuindo a largura "1" ou simplesmente como "1 por x". Havia um suprimento de pequenos quadrados com lados iguais à largura de "1" de tiras, mais "1 por 1".

O leitor deve ser advertido que a apresentação destes materiais de forma alguma é simples. Para iniciar, é necessário convencer as crianças que nós realmente não sabíamos e não ligávamos para o que fosse o tamanho métrico do grande quadrado e que essas regras não tinham interesse nenhum. Um certo humor auxilia a estabelecer nos pupilos um desdém próprio por medir, neste contexto, e um apelo esnobe, como simplesmente denominar um indivíduo desconhecido de x, que era muito grande. A partir daí, as crianças prontamente descobriram por si próprias que as tiras longas eram x longo – pela correspondência. Eles assumiram (como deveriam) que a dimensão mais estreita era "1", mas ficou claro que seu entendimento era arbitrário, a partir da declaração de uma das crianças de que o tal número "1" da largura perfazia um x. Como para pequenos quadrados com "1 por 1", também foram estabelecidos como correspondência simples com estreitamento da dimensão de "1 por x" em relação às tiras. Esse é um método a cavalo, mas muito bom para a matemática.

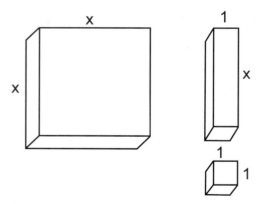

As crianças foram questionadas se conseguiriam fazer quadrados maiores do que x por x quadrado, usando os materiais que tinham em mãos. Eles rapidamente construíram quadrados como os ilustrados a seguir. Foi dito a eles para anotar quantas tiras eram necessárias para cada quadrado maior e qual eram o comprimento e a largura de cada quadrado.

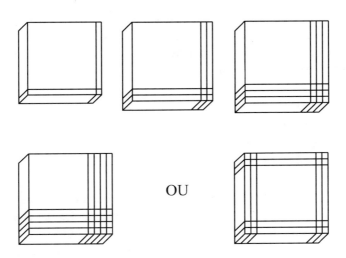

OU

Eles descreveram um dos quadrados que construíram e os pedaços foram contados da seguinte forma: "1x-quadrado, 2x-tiras e 1 quadrado, ou 1x-quadrado, 4x-tiras e 4 *uns*, ou 1x-quadrado, 6x-tiras e 9 *uns*", e assim por diante. Nós o auxiliamos com a linguagem e mostramos uma forma de escrever isso.

O quadrado maior é 1x□, as tiras longas eram 1 x, ou simplesmente x, e os pequenos quadrados eram um quadrado ou um por um ou, melhor ainda, simplesmente 1. A expressão "e" pode ser abreviada por +, de forma que foi possível escrever a receita para o quadrado construído como x□+4x+4. Neste estágio, eles eram meramente nomes colocados juntos em uma pequena sentença. Como é a largura e o comprimento do quadrado em questão? As crianças prontamente o mediram – x e 2 ou x+2; assim, a expressão completa é (x+2)□. Os parênteses não foram facilmente entendidos, e logo as crianças foram capazes de escrever sua primeira igualdade: (x+2)□ = x□+4x+4. Praticamente tudo tem uma referência que pode ser apontada com o dedo. Eles tinham um sistema notacional no qual poderiam traduzir a imagem que haviam construído.

Agora partimos para construir quadrados maiores, e cada quadrado que as crianças faziam tinham que ser descritos em termos de qual madeira os perfazia e qual era sua largura e comprimento. Isso demandou alguns formulários para auxiliar as crianças a fazerem suas anotações de forma que pudessem voltar a ser inspecionadas para saber-se o que revelariam, e elas foram encorajadas a olhar as anotações e as construções frente a elas. Imagine agora uma lista como essa que vem a seguir, novamente o produto da construção de uma criança:

x☐+2x+1 e x+1 por x+1
x☐+4x+4 e x+2 por x+2
x☐+6x+9 e x+3 por x+3
x☐+8x+16 e x+4 por x+4

É quase impossível para eles não realizar tais descobertas sobre os números: que os valores de x eram 2, 4, 6, 8 e as unidades de valores eram 1, 4, 9, 16, sendo que o aumento das dimensões por adições a x eram 1, 2, 3, 4. As percepções sintáticas sobre a regularidade na anotação eram encontradas por meio das habilidades perceptivo-manipulativas do material. Após certo tempo algumas novas manipulações ocorreram e forneceram às crianças uma base adicional para o progresso notacional. Uma criança toma o quadrado $(x+2)^2$ e o constrói de uma nova forma. Pode-se perguntar se essa é uma manipulação construtiva ou não, e se isso é fatoração ou não, mas a criança está aprendendo que a mesma quantidade de madeira pode construir padrões impressionantemente diferentes e, mesmo assim, permanecer a mesma quantidade de madeira – mesmo quando há uma expressão notacional diferente. Onde a linguagem começa e a manipulação cessa? A interação é contínua. Retornaremos a este exemplo mais tarde.

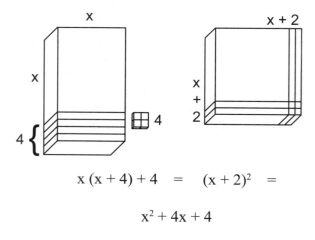

$$x(x+4)+4 = (x+2)^2 =$$
$$x^2 + 4x + 4$$

O que agora é um problema é a forma de separar a notação aprendida pela criança do concreto, visível e manipulável, que personifica o objeto ao qual elas se referem – a madeira. Desta forma, para que a criança trabalhe com as propriedades matemáticas, ela terá de lidar com símbolos por si; melhor ainda, será limitada pela estreita e trivial amplitude do simbolismo ,que pode ser dado de forma direta (somente parcial) à incorporação visual. Conceitos como x^2 e x^3 podem ser dados como uma referência visível, mas o que ocorre com o x^n?

Como as crianças abandonam a incorporação perceptiva e passam para uma notação simbólica? Talvez isso seja parcialmente explicável na natureza da variação e do contraste.

Mostra-se à criança novamente uma gangorra e explicamos: "escolha qualquer gancho de um lado e coloque o mesmo número de anéis nele em relação ao número de ganchos distantes do centro. Agora balance a gangorra com os anéis colocados do outro lado. Anote". Lembre-se de que a gangorra é familiar já do trabalho com fatoração e de que a criança sabe que 2 anéis em 9 equilibram 9 em 2, ou *m* anéis em *n* equilibram *n* em *m*. Ela volta à construção. É possível construir algo na balança que seja similar aos quadrados?

Com um pequeno esforço, é feita a seguinte tradução. Suponha que x é 5. Então 5 anéis no gancho 5 são x^2, 5 anéis no gancho 4 são 4x e 4 anéis no gancho 1 é 4: $x^2 + 4x + 4$. Como podemos saber se isso é um quadrado de x + 2 largo por x + 2 longo como antes? Bem, se x é 5, então x + 2 é 7, assim, 7 anéis no gancho 7. E a natureza obriga – a balança. Uma notação funciona por dois surpreendentes meios diferentes de construção

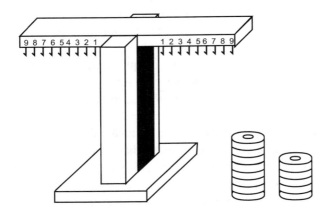

e percepção dos eventos. A notação com sua equivalência mais ampla é claramente mais econômica do que a referência às incorporações. Há pouca resistência à utilização desta linguagem mais conveniente. E agora podemos iniciar a construção – as propriedades comutativa e distributiva das equações podem ser exploradas: $x(x + 4) + 4 = x2 + 4x + 4$, de forma que $x + 4$ anéis no gancho x mais 4 anéis no gancho 1 também se equilibrarão. A criança, se desejar, também pode voltar à madeira, e achar que o mesmo conteúdo pode ser exemplificado pelas estruturas montadas anteriormente.

O contraste é o veículo pelo qual o óbvio, que é muito óbvio para ser observado, pode ser apreciável novamente. A descoberta de uma garota de oito anos de idade ilustra o assunto. "Sim, 4 x 6 é igual a 6 x 4 em números, como com seis esquimós em cada um dos quatro iglus é o mesmo que quatro em cada um dos seis iglus. Porém, um veneziano cego não é o mesmo que um cego veneziano". Por meio do reconhecimento da propriedade não-comutativa de grande parte de nossa linguagem cotidiana, a propriedade comutativa de uma linguagem matemática pode ser parcialmente entendida. Porém, isso é, ainda, somente uma visão parcial de comutatividade e não-comutatividade. Se nós desejássemos desenvolver uma distinção mais profundamente, poderíamos realizar concretamente um contraste entre séries de operações, que podem ser cumpridas em uma seqüência – como a ordem na qual as letras são colocadas em uma caixa postal; ou quando vemos filmes diferentes – e operações que têm uma ordem não-comutativa – como colocar os sapatos e as meias, em que um tem que preceder o outro. A criança pode ser levada a idéias mais gerais de casos comutativos e não-comutativos e formas de lidar com a notação, talvez por meio de séries idênticas e séries ordenadas idênticas.

Não necessitamos reiterar o que tem que ser óbvio nessa seqüência. O objeto iniciava-se com uma representação ordenativa dos quadráticos – algo que poderia literalmente ser feito ou construído – e para se deslocar deste ponto a uma representação icônica, embora restrita. Ao longo do caminho, a notação foi desenvolvida e, pelo uso da variação e contraste, convertida em um sistema propriamente simbólico. Novamente, o objetivo era iniciar com uma representação a mais econômica possível e elevar a complexidade somente quando havia algum caminho para a criança relatar a instância complexa a algo mais simples do que havia antes.

O surpreendente no desempenho das crianças foi sua incapacidade inicial de representar coisas por si mesmas, transcendendo a compreensão perceptiva imediata. O alcance de uma percepção mais abrangente requer, pensamos, a construção de uma estrutura representacional imediata, que transcenda tal imagem e sirva de seqüência dos atos e das imagens unitárias e simultâneas. As crianças sempre iniciam pela construção e separação de alguns conceitos, construindo um modelo concreto das propostas da definição operacional. O fruto da construção foi uma imagem e algumas operações que se prestam a este conceito. A partir daí, a tarefa foi providenciar meios de representação livres de manipulações particulares e imagens específicas. Somente operações simbólicas fornecem os meios de representação da idéia nesse sentido. Considere, porém, o assunto no momento.

Nós já observamos que dando à criança múltiplas caracterizações da mesma idéia geral, expressa em uma notação comum que a leva ao "vazio" conceitual das propriedades sensórias específicas, ela será capaz de compreender suas propriedades abstratas.

Porém, certamente esse não é o melhor meio de descrever o incremento do desenvolvimento da percepção. O crescimento de tais abstrações é importante. Mas o que nos surpreende sobre as crianças, como observamos, é que elas não somente entendem as abstrações aprendidas, mas também um repertório de imagens concretas que servem para exemplificar as abstrações. Quando eles pesquisam uma forma de lidar com novos problemas, a tarefa é geralmente transmitida não simplesmente por meios abstratos, mas também por compatibilizar imagens. Um exemplo ajudará aqui. A partir das imagens em blocos de madeira, da incorporação do quadrático à incorporação da gangorra, foi interessante que as crianças poderiam equacionar características concretas de um com características de outra. De um lado da balança, "estão" a quantidade de madeira; do outro lado, os lados do quadrado. Estas são proposições concretas importantes nos quais elas se apóiam. Pesquisadores em matemática nos dizem que a mesma utilização de proposições – heurísticas – mantêm-se para elas, que elas preferem formas de imaginar certos problemas, enquanto outros são tratados silenciosamente ou em termos de uma imagem de simbolismo na página.

Nós chegamos à conclusão de que seria provavelmente necessário que a criança, ao aprender matemática, não tivesse somente um sentido firme da abstração fundamentando o que ele está trabalhando, mas também um bom estoque de imagens visuais para incorporá-las. Porque sem o último é difícil traçar correspondências e checar o que simbolicamente pode ser feito. Nós tivemos uma ocasião em que, novamente com o auxílio do Dr. Dienes, ensinou-se a um grupo de dez crianças com nove anos os elementos da teoria de grupo. Para materializar a idéia matemática de grupo, inicialmente nós demos a eles o exemplo de quatro grupos formados pelas seguintes quatro manobras. Um livro com uma flecha na parte média de sua capa frontal foi o veículo. As quatro manobras foram rotacionar o livro um quarto para a esquerda, rodá-lo um quarto para a direita e dar meio giro (sem a preocupação de que direção seguir), e deixar ficar na posição em que ele estava. Elas foram rápidas em compreender uma importante propriedade de tal grupo matemático: qualquer seqüência de manobras feitas poderia ser reproduzida a partir da posição de uma movimentação simples. Esta não é a forma usual na qual esta propriedade é descrita matematicamente, mas isso serviu bem para as crianças.

Nós contrastamos esta elegante propriedade com uma série de proposições nossas, que não constituem um grupo matemático. Além disso, elas forneceram o contra exemplo por si mesmas, propondo o seguinte: um terço para a esquerda, um terço para a direita, meia volta para os dois lados e ficar na mesma posição. Logo percebemos que isso não funcionou. Colocamos para as crianças a tarefa de realizar jogos com as quatro manobras, e assim por diante. Eles tinham a propriedade de um jogo fechado, como denominamos – o resultado de qualquer combinação dos movimentos pode ser alcançada por um simples movimento. Eles eram, claro, altamente inventivos. Mas o que logo se tornou aparente foi que eles necessitavam de uma imagem de auxílio – neste caso, uma imagem notacional – que poderia auxiliá-los a manter o curso e, então, descobrir se algum jogo novo era isomorfo em relação a um já desenvolvido. A proposição, nesse caso, foi, obviamente, a matriz, listando os movimentos possíveis de cima para baixo e, além disso, tornando possível checar se cada combinação de pares de movimentos poderia ser reproduzida por um movimento simples. A matriz, nesse caso, é uma muleta ou heurística, e como tal não tem relação com a abstração do grupo matemático. Ainda este elemento era enormemente útil para eles, não sendo utilizado somente para manter anotações, mas também para comparar grupo a grupo com outro para correspondência. A matriz que eles iniciaram tinha a seguinte aparência:

	s	a	b	c	
s	s	d	b	c	s = ficar
a	a	c	s	b	a = quarto de volta para esquerda
b	b	s	c	a	b = quarto de volta para direita
c	c	b	a	s	c = meia volta

Havia quatro grupos com estrutura diferente? É extremamente difícil lidar com tal questão sem o auxílio dessa matriz empregada como um veículo para exibir correspondência. Que tal um jogo no qual um cubo pode ser deixado onde está, rotacionado 180 graus no seu eixo vertical e 180 graus do eixo horizontal, e rotacionando 180 graus para cada lado das quatro diagonais do cubo? Isso pode ser simplificado para um número menor de manobras? Isso contém o grupo descrito anteriormente?

Em resumo, então, enquanto o desenvolvimento de uma percepção em matemática em nosso grupo de crianças depende do desenvolvimento delas de um "exemplo livre" de abstrações, isso não os leva a desistir de suas imagens. Muito pelo contrário, nós temos a impressão de que eles enriqueceram o seu conjunto de imagens e que foi muito útil para eles lidar com os problemas.

Nós poderíamos sugerir que o aprendizado de matemática reflete um bom acordo sobre o desenvolvimento intelectual. Isso se inicia com uma atividade instrumental, um tipo de definição das coisas realizando-os.

Tais operações se tornam representadas e resumidas na forma de imagens particulares. Finalmente, e com a ajuda da notação simbólica que permanece invariável entre transformações em imagens, o estudante passa a apreender as propriedades formal e abstrata das coisas com as quais lida. Mas, por enquanto, uma vez que a abstração é alcançada, o aprendiz torna-se livre em certa medida superficial das coisas. Ele, de forma nenhuma, continua a confiar no estoque de imagens que construiu na rota de domínio do abstrato. É o estoque de imagens que o permite trabalhar no nível da heurística, através de meios convenientes e não rigorosos de explorar problemas e relacioná-los aos problemas já dominados.

REFORÇO E RETROALIMENTAÇÃO

Com respeito à informação corretiva, há algo particularmente feliz sobre os exercícios que escolhemos utilizar.

No aprendizado dos quadráticos pelo uso de quatro blocos e, então, com auxílio da gangorra, as crianças foram capazes, por meio de um teste imediato, de determinar se chegaram lá. A coleção de pedaços de quadrados de madeira é agregada na forma que faz um quadrado ou não, e a criança pode ver isso imediatamente. O mesmo ocorre com a gangorra: ou ela se equilibra ou não. Não há instrutor que intervenha entre o aprendiz e os conteúdos. No entanto, note bem que o instrutor tem que agir de várias formas. Em primeiro lugar, ele determina em limites extremamente restritos a natureza das seqüências, de forma que as crianças poderiam ter a maior chance de ver o que ocorreu antes e depois. Se nós fomos bem-sucedidos nessas seqüências, não sabemos – sabemos apenas que as crianças aprenderam algo distinto sobre matemática em um curtíssimo período de tempo. O que nos guiou foi algum tipo de intuição matemático-psicológica e, enquanto isso pode ser satisfatório para a engenharia do que fizemos, certamente não o é do ponto de vista do entendimento de como fazer melhor.

Nós falhamos em várias ocasiões, como julgado pelo interesse atrasado de uma criança em particular quando quisemos ter a certeza de que ela havia entendido alguma coisa. Nossa falha maior foi a de tentar atravessar de forma simbólica (provavelmente muito cedo) a idéia de distribuição – que a x (b + c) e (a + b) + (a x c) poderiam ser retratados como idênticos. Um dos nossos estudantes mais inteligentes comentou, no início de uma das aulas, com um suspiro: "Oh, eles estão distribuindo a lei distributiva novamente". De fato, nossa dificuldade veio de um julgamento incorreto da importância de dar a eles um modelo simbólico para corrigir construções icônicas. Nós estávamos muito ansiosos para ter a certeza de que eles sentiram a notação análoga das construções fatoriais feitas e entendidas no nível icônico de forma que construções posteriores provaram ser entediantes.

Nós temos observações novas a reportar sobre o assunto relacionado à ansiedade e à alta expectativa de um de nossos quatro estudantes, que tinha um elevado estímulo sobre matemática proveniente de seu pai, em casa. Ele foi a criança que, no primeiro dia, demonstrou seu conhecimento multiplicando dois números enormes e feios no quadro negro, anunciando "eu sei muito sobre matemática". Ele era, provavelmente, nosso melhor estudante, mas não teve nenhum progresso até desistir da idéia de que era necessário utilizar cálculos difíceis na tarefa. Foi ele também quem disse que os blocos utilizados para os quadráticos tinham que ter algum tamanho; mas quando começou a jogar com nossos "x" desconhecidos, mostrou considerável poder. Seu pai foi nosso aliado inconsciente neste ponto, porque disse ao filho que os "x" eram provenientes da álgebra, que é um conteúdo que a maior parte dos estudantes aprende no Ensino Médio.

Talvez o maior problema presente neste tipo de experimento é o de manter-se fora de caminho, mantendo-se como uma fonte perene de informação, interferindo na capacidade da criança de assumir o papel de autocorretor. Por outro lado, cada situação nesta sala de aula é única e, neste sentido, também cada par professor-aluno. Alguns desses pares de professor-aluno tornaram-se bem dependentes; em outros, a criança ou o professor resistiram a este processo. Mas essa é uma outra história.

|ALGUMAS CONCLUSÕES|

A primeira e óbvia conclusão é que se precisa levar em consideração as questões de predisposição, estrutura, seqüência e reforço no preparo de conteúdos para o currículo – não importando se a preocupação é escrever um livro didático, um plano de aula, uma unidade de instrução, um programa ou, além disso, uma conversação com fins didáticos. Esta conclusão óbvia, porém, sugere implicações não tão óbvias.

O tipo de pesquisa sustentada, que permite a alguém acessar o nível de sucesso no gerenciamento de variáveis instrucionais relevantes, requer uma colaboração próxima e constante por parte dos professores, dos especialistas da área e de um psicólogo. Como afirmamos anteriormente, um currículo deve ser preparado em conjunto com os especialistas da área, o professor e o psicólogo, com especial consideração à estrutura inerente ao conteúdo, sua seqüência, o ritmo psicológico do reforço e a construção e manutenção da predisposição à resolução de problemas.

À medida que o currículo é construído, deve ser testado em detalhes, por métodos observacionais e experimentais, para avaliar não simplesmente se as crianças "alcançaram" o entendimento do conteúdo, mas o que elas estão fazendo com este conteúdo e como elas o organizaram. É na base do "testar na medida em que se ensina" que a revisão é feita. Esse é o procedimento que coloca o processo de avaliação em um tempo (quando) e lugar (onde) seus resultados podem ser utilizados para correção enquanto o currículo é construído.

Somente de forma passageira, fizemos referência à questão das diferenças individuais. Muito francamente, elas existem de forma massiva – à medida que as crianças têm predisposição para resolver problemas, o grau de seu interesse, as habilidades que trazem das tarefas já realizadas, o seu modo preferido de representar as coisas, a sua capacidade de se mover facilmente através de qualquer seqüência e o grau em que elas inicialmente são dependentes do reforço externo de um professor.

A existência de diferenças individuais argumenta em favor do pluralismo e da brilhante oportunidade em conteúdos e métodos de instrução. Anteriormente afirmamos, de improviso, que não existe uma seqüência ideal para todos os grupos de crianças. A conclusão a ser extraída desta assertiva não é a impossibilidade de confecção de um currículo que poderia satisfazer um grupo de crianças ou um corte transversal de crianças. Pelo contrário, se este currículo for efetivo em sala de aula, ele tem que conter diferentes formas de ativar as crianças, apresentar seqüências, dar oportunidades para que algumas crianças "saltem" partes, enquanto outras as realizam como caminho natural de aquisição do conteúdo e dar diferentes formas de colocar as coisas. Um currículo, em resumo, tem que conter muitos caminhos que levam ao mesmo objetivo geral.

Nossos exemplos são provenientes da matemática, mas há algumas generalizações que extrapolam para outros campos. A primeira é que foi preciso o esforço de vários especialistas em matemática altamente talentosos para discernir a estrutura que suporta a matemática ensinada, o que significa que a simplicidade do currículo na matemática depende da história e do desenvolvimento da própria matemática. No entanto, mesmo uma tradição triunfal, como a que tem a matemática, não é o suficiente. Até agora, muitas virtudes foram descobertas por números com base 10, e estudantes não podem apreciar tais virtudes até que reconheçam que a base 10 não será trazida a eles por nenhum deus da matemática. Só quando o estudante aprende a trabalhar com números de diferentes bases, que não a 10, é reconhecida a conquista que ela representa.

Finalmente, a teoria da instrução procura considerar o fato de que um currículo reflete não somente a natureza do conhecimento em si, mas também da natureza do conhecedor e do processo de aquisição do conhecimento. É um empreendimento, por excelência, onde a linha entre o assunto e o método cresce necessariamente de forma indistinta. Um corpo de conhecimento consagrado em uma universidade e incluso em uma série de volumes confiáveis é o resultado de muita pesquisa intelectual anterior. Instruir alguém nessas disciplinas não é uma questão de fazê-lo enviar resultados para a mente, mas ensiná-lo a participar no processo que torna possível o estabelecimento do conhecimento. Nós ensinamos um indivíduo não a produzir uma pequena biblioteca viva sobre algum conteúdo, mas levamos o estudante a pensar matematicamente por si próprio, considerar os fatos como um historiador faz, para tomar parte do processo de aquisição do conhecimento. O saber é um processo, e não um produto.

Capítulo 4

O Ser Humano: um Curso de Estudo

Há um dilema na descrição de um curso de estudo do ser humano. É preciso iniciar pela exposição da substância intelectual do que é ensinado. Além disso, pode parecer sem sentido o que desafia e molda a curiosidade do estudante. No exato momento em que ele sucumbe à tentação de "transmitir" o conteúdo, o ingrediente pedagógico está em risco, pois somente em sentido trivial alguém leciona um curso para "transmitir algo", meramente para distribuir informação. Há meios melhores para este fim, que não incluem o ensino. A menos que o aprendiz também seja autodidata, discipline seu gosto, aprofunde a sua visão de mundo, é difícil que este "algo" transmitido valha o esforço da transmissão.

Quanto mais elementar for o curso e mais jovens forem os estudantes, mais sério tem que ser o objetivo pedagógico de formar o poder intelectual daqueles a quem o curso serve. É importante que um bom curso de matemática seja justificado pela disciplina intelectual que ele oferece ou pela honestidade que promove tanto quanto a matemática que transmite. De fato, um objetivo não pode ser cumprido sem o outro.

Com isso em mente, deixe-me descrever a substância da estrutura de um curso em estudos sociais, cujas partes foram ensinadas às crianças do quinto ano do Ensino Fundamental. O que é apresentado aqui é um projeto. Pode ser que mais tarde, na medida em que modificações forem sendo realizadas durante os testes e avaliações, a versão final do curso tenha um formato bem diferente. É certo, na sua forma de construção, que o curso tenha formas diferentes quando ensinado por professores diferentes. Realmente, ele foi construído em módulos para que o professor *possa* (seja de fato encorajado) imprimir sua marca pessoal. Eu não hesito em apresentar o que sei finalizado no curso, porque esse é o processo de confecção de currículo, que é o tema central aqui, e não o produto. O presente esforço carreado sob a égide do *Educational Services Incorporated*, com fundos da *Ford Foundation* e da *National Science Foundation*, é, em grande parte, um esforço em processo, como veremos no final desse ensaio.

| A ESTRUTURA DO CURSO |

O conteúdo do curso é o ser humano: sua natureza como espécie, as forças que o moldam e continuam a moldar a sua humanidade.
Três questões são recorrentes:

1. O que é humano nos seres humanos?
2. Como eles chegaram a este ponto?
3. Como eles podem progredir?

Nós procuramos por exercícios e materiais através dos quais nossos pupilos pudessem aprender como o homem se distingue em sua adaptação ao mundo e como é discernível a continuidade entre ele e os seus ascendentes animais. Para o homem, isso representa um ponto crucial na evolução, onde a adaptação é alcançada através da cultura, e somente de forma minoritária por meio de modificações na sua morfologia. Ainda assim, há substâncias químicas que correm em seu sangue e são tão antigas quanto os répteis.

Realizamos todo esforço, no início, para contar às crianças onde esperávamos levá-las. Entretanto, pouco do que foi dito foi compreendido. Foi mais útil, achamos, colocar as três questões diretamente para as crianças de forma que elas pudessem contribuir com visão própria e estabelecer alguns pontos de vista.

Na busca por respostas, exploramos cinco tópicos, cada um intimamente associado à evolução do homem como espécie, definindo a distinção do homem e a sua potencialidade para uma evolução posterior. As cinco grandes forças humanizadoras são a habilidade de confeccionar ferramentas, linguagem, organização social, gerenciamento da infância prolongada do homem e a necessidade de explicar o seu próprio mundo. Essa foi nossa primeira lição no ensino de que nenhum aluno, por mais ávido que seja, pode apreciar a relevância de, digamos, a confecção de ferramentas na evolução da espécie humana, sem entender o conceito do que seja uma ferramenta ou uma linguagem, ou um mito, ou uma organização social. Essas não são questões óbvias.

Estávamos envolvidos, portanto, não somente no ensino do papel das ferramentas ou da linguagem no surgimento do homem, mas, como precondição necessária para que isso ocorresse, expondo as bases da lingüística ou da teoria das ferramentas.

Enquanto for possível apontar prontamente cinco contribuidores massivos para a humanização do ser humano, em nenhuma circunstância eles poderão ser colocados em compartimentos herméticos. O parentesco humano é distintivamente diferente do que encontramos em bandos de primatas, além de ser baseado em um sistema de classificação que é inconcebível sem a linguagem.

As distinções entre aqueles que são permitidos ou favorecidos e aqueles rejeitados como "incestuosos" são governadas por um sistema de nomeação que só pode ser compreendido por seres que entendam a linguagem humana, como no famoso caso das sobrinhas que eram favorecidas como noivas em muitas sociedades patriarcais. Ou, fazendo outra conexão, a utilização da ferramenta na divisão do trabalho na sociedade e a divisão do trabalho, por sua vez, afeta esta ligação.

Desta forma, a linguagem, por si, é somente apreciada pela referência à sua aquisição na interação humana, única entre a criança e os pais. E, obviamente, a natureza da visão de mundo do homem se formulada por meio do mito ou da ciência, depende delas e é limitada pela natureza da linguagem humana. Assim, enquanto cada domínio pode ser tratado como um conjunto de idéias diferentes, como veremos, o sucesso no ensino depende do tornar possível para as crianças possuir o senso de interação delas. A escolha dos tópicos é parcialmente fortuita, no sentido de que elas refletem os interesses e o conhecimento daqueles de nós que estavam envolvidos. Porém, além disso, sua ênfase nas "novas" ciências comportamentais reconhece o que em um ensaio anterior foi descrito como a necessidade por princípios gerais no entendimento do ser humano e da sociedade, a fim de que não sejamos sobrepujados pela riqueza da memória histórica.

| LINGUAGEM |

Ensinar decentemente lingüística a estudantes de 10 anos não é fácil, dados os limites de tempo; mas não é difícil, como temíamos. Há certas precauções pedagógicas a serem respeitadas para que as crianças sejam atraídas por este tema. O assunto não deve ser, no início, apresentado de forma normativa, por exemplo, exercícios sobre como as coisas devem ser escritas ou ditas. É preciso, além disso, estar dissociado de tal gramática tradicional como aquela que a criança encontra.

Não há nada mais maçante do que fazer uma criança lidar com as formas das classes como tradicionais "partes do discurso", "reconhecimento" de uma categoria de palavras como "nomes" e "papaguear", quando for perguntada, o que para ela significa a palavra nome, e que ela significa uma "pessoa, lugar ou coisa". Não é que isso esteja certo ou errado, mas soa tão remoto, em relação à questão, como se alguém tentasse demonstrar pesar pelo assassinato de um presidente por meio da citação do trecho da constituição que descreve a divisão dos poderes. E, finalmente, a discussão necessita permanecer próxima à natureza da linguagem em uso, sua origem provável e a função a que ela serve.

Se for verdade que uma criança de dez anos tem um repertório gramatical completo, ela certamente é capaz de, e se admira em, reconhecer intuitivamente fenômenos lingüísticos, quando confrontada com situações que a estimulem a isso. O suporte principal para tal reconhecimento é o contraste, a oportunidade de observar as características de oposição, que são traços da linguagem humana. O difícil é formular estas características conceitualmente, para ir além da compreensão intuitiva do falante nativo para um entendimento mais autoconsciente da lingüística. É esta a tarefa, fazer que as crianças olhem e ponderem as coisas que podem perceber na linguagem que utilizam, de forma longa o suficiente para entendê-la, o que é mais difícil e não deve ser cobrado ao ponto do tédio.

Nossa seção sobre linguagem inclui a consideração do que é comunicação, pelo contraste em como os seres humanos e animais gerenciam o envio e o recebimento de mensagens. As primeiras sessões foram vívidas, e no decorrer delas quase todas as maiores questões da lingüística foram levantadas e resolvidas. Este exercício preliminar tem a grande virtude de poder ser realizado em outras ocasiões, quando os estudantes alcançarem diversos níveis de sofisticação, com o resultado de que eles prontamente reconhecem qual foi seu progresso.

A sessão inaugural (ou sessões para estudantes que freqüentemente ainda queiram argumentar sobre seres humanos e animais) geralmente indica qual das várias sessões pode ser melhor aproveitada nas unidades posteriores. A discussão tende a levar, naturalmente, às propriedades dos sistemas de comunicação em geral, incluindo a linguagem humana.

Nós percebemos que o progresso surge mais rápido quando as crianças têm algo com o que comparar na linguagem humana, e a descrição de Von Frisch sobre a dança circular e a dança com agitação da cauda nas abelhas nos serve muito bem. No nosso trabalho preliminar, descobrimos que as crianças participam ativamente da discussão (em termos leigos e intuitivos) de questões como as que se referem aos sinais e símbolos para "coisas", as dificuldades de referência, quando o que é referido não está presente para ser apontado, a vantagem relativa de um sistema voz-ouvido, a diferença entre uma linguagem herdada ou culturalmente transmitida, e assim sucessivamente na lista das questões clássicas.

Nosso próximo objetivo é apresentar poderosas idéias sobre a arbitrariedade, produtividade e dualidade de padrões – as denominadas propriedades exclusivas da linguagem humana. Abordamos a arbitrariedade pela rota convencional de comparar fotos, diagramas, charadas e palavras, referindo-as a coisas. Há boas piadas a serem utilizadas, como aquela na procura por alguma relação entre o comprimento do nome e a altura da criança.

Com respeito à produtividade, tivemos considerável sucesso inicial com dois exercícios. O primeiro foi com a criação de um grupo de palavras estruturado em quatro classes (como, o que, quando e onde), com um número limitado de sinais de cada tipo (com as mãos, com armas, com armadilhas que eram sinais do tipo "como"), e utilizamos ordens de classes de palavras para nos referir às diferentes atividades relacionadas à comida. Através disso, conseguimos prontamente estabelecer a noção das palavras tipo e ordem como duas idéias básicas. As crianças prontamente aprenderam a possibilidade de substituir os sinais dentro de uma classe. Além disso, há o interesse em códigos secretos baseados na substituição das palavras ou letras para a quebra deste código. Eles não precisaram de muita instrução para realizar esta atividade.

Uma vez que as idéias de classe e ordem foram estabelecidas, iniciamos um divertido exercício para ilustrar a mobilidade da estrutura da linguagem. Assim:

1	2	3	4	5
O	homem	comeu	seu	almoço
Uma	moça	vestiu	meu	chapéu
O	doutor	quebrou	a	garrafa
Meu	filho	dirigiu	nosso	carro

As crianças foram instadas a realizar "exemplos" de "combinações", o que fizeram prontamente. Logo descobriram que, contanto que utilizassem palavras na seqüência 1-2-3-4-5, de qualquer lugar, em cada coluna, algo "inteligível" poderia ser obtido, mesmo que fosse tolo ou falso, como "meu doutor vestiu o carro" ou "a moça comeu a garrafa", que pelo menos não era uma frase louca como "homem o almoço seu comeu".

Nossos estudantes não necessitam de pressa para construir novas estruturas e inserir classes adicionais em estruturas já prontas (como uma nova coluna de sinais que poderia incluir as palavras fez, pode, tem, será). Descobertas interessantes foram realizadas, como a relativa franqueza de algumas posições e a natureza associada de outras, além das dificuldades de alguns sinais em uma determinada classe. Nós esperamos desenvolver métodos para auxiliar as crianças a descobrirem algumas das características mais profundas da gramática e compreender melhor o que é a linguagem. Por exemplo, que se pode iniciar com estruturas de sentenças relativamente simples, "núcleos de sentenças" e transformá-las sucessivamente em negações, questões e formas passivas, ou mesmo duas ou três formas diferentes e ainda mais complexas que, por sua vez, podem voltar a formas mais simples pela aplicação de transformações na ordem inversa.

Finalmente, inventamos um jogo (envolvendo sinalização utilizada no mar) para ilustrar a dualidade de padronização, que é a mais difícil característica da linguagem humana. Cada linguagem humana combina intrinsecamente sons ininteligíveis em um único sistema de fonemas que perfazem palavras ou morfemas. A troca em um fonema altera o significado de uma palavra. Em inglês, as palavras *rob* e *lob* são diferentes, mas poderiam ser a mesma palavra em japonês, idioma onde o *r* e o *l* pertencem ao mesmo fonema, idêntico ao som explosivo do p na palavra inglesa "pin" e aquele não explosivo da palavra "spin", que são os mesmos para os falantes da língua inglesa, mas não em outros idiomas. No nosso jogo, iniciamos a construção de uma língua estruturada em um conjunto limitado de fonemas, utilizados como nossos blocos de construir. Há três tipos de blocos, que podem ser dispostos de várias formas em uma estrutura de três blocos, perfazendo vinte e sete palavras possíveis ou morfemas. Algumas combinações significam coisas e outras não. Partíamos deste ponto para noções mais complexas de morfofonemas, se as crianças se interessavam.

Mais tarde passamos para a questão de como a linguagem é adquirida por jovens seres humanos. Utilizamos consideráveis fontes provenientes de estudos recentes sobre aquisição da linguagem para mostrar a forma na qual a sintaxe emerge de certas formas muito elementares. Esperamos contrastar o aprendizado da língua humana com o domínio dos babuínos em seu sistema de sinais. Os problemas sutis de transmissão "tradicional" e "hereditária" obrigatoriamente emergirão.

Por fim, e com o benefício da elevação da natureza da linguagem por parte das crianças, retornamos à questão das origens e funções da linguagem humana e o papel da linguagem na modelação das características e dos pensamentos humanos. Esperamos cobrir as novas pesquisas disponíveis sobre as características de todas as linguagens humanas – encorajando as crianças a opinarem sobre o assunto.

Então, devemos considerar o papel da linguagem na organização dos primeiros grupos humanos e a efetividade que ela pode adicionar a um grupo como caçar. Partir deste ponto para a consideração do mito e da sua natureza não é um passo muito difícil.

É certo que o estudo da linguagem pode ocupar o período de um ano, ou dois, ou três. Alguns professores podem optar por devotar muito tempo ou pouco para a linguagem, e esperamos tornar possível a eles tanto uma quanto a outra situação.

Se o professor desejar concentrar o material sobre linguagem ou distribuí-lo em outras sessões, acreditamos tratar-se de uma questão de gosto, e esperamos estruturar o material de forma que as duas abordagens sejam possíveis. Mas, acima de tudo, esperamos fornecer material e exercícios que estimulem um vigoroso senso distintivo da natureza humana.

|A CONFECÇÃO DE FERRAMENTAS|

Iniciamos com várias verdades caseiras sobre crianças e ferramentas. Nossas crianças, geralmente, não utilizam muitas delas e não as acham muito interessantes. Isso pode derivar de uma verdade profunda que, em geral, crianças (o mesmo vale para os seus pais urbanos) pensam em ferramentas como objetos que devem ser adquiridos em lojas de ferragens. Crianças, em nossa sociedade tecnologicamente madura, em geral, têm pouca noção da relação entre ferramentas e nosso estilo de vida. A produção tem lugar em fábricas onde elas nunca estiveram, e o resultado dessa produção é embalado para a minimização ou embelezamento do processo de produção que as traz para sua função.

Nossa seção sobre ferramentas é animada, em primeiro lugar, pela abordagem da natureza da utilização de ferramentas. O que é mais característico em qualquer tipo de utilização de ferramentas não são as ferramentas em si, mas o programa que guia a sua utilização. É neste sentido amplo que as ferramentas possuem sua significação própria como amplificadores das capacidades humanas e implementadoras da atividade humana.

Vistas como amplificadoras, as ferramentas podem ser concebidas em três classes: amplificadores das capacidades sensoriais, das capacidades motoras e das de raciocínio. Em cada um dos tipos há várias subespécies. Há amplificadores sensoriais, como microscópios ou aparelhos de audição, que são "magnificadores", e assim por diante. Alguns implementos "alongam" o tempo (como a câmera lenta do cinema), e outras o condensam (registros de lapso de tempo). No domínio dos amplificadores motores, algumas ferramentas ligam as coisas, outras separam-nas, outras somente auxiliam; um de nossos alunos descreveu o compasso de Chaughtsman como uma "ferramenta estável". E claro que há as "ferramentas leves" de raciocínio, como a matemática e a lógica, e as ferramentas pesadas que tornam possível a oscilação da utilização do ábaco até o computador digital de alta velocidade e a automação.

Se pensarmos nas ferramentas como embutidas em um programa a ser utilizado – como implementadoras da atividade humana –, então se torna possível lidar com a idéia básica da substituição, uma idéia tão crucial para as ferramentas como ela é para a linguagem. Se não pudermos usar ou achar uma certa palavra ou frase, outra equivalente próxima pode substituí-la. O mesmo ocorre com as ferramentas: se um carpinteiro habilidoso não traz o seu cinzel para o trabalho, ele pode eventualmente utilizar outra ferramenta no lugar: a porção superior de uma lâmina plana, uma faca de bolso, uma pedra afiada. Em resumo, ferramentas não são fixas, e a "fixação funcional" encontrada por vários psicólogos que estudam a resolução dos problemas ocorre porque muito do pensamento sobre as ferramentas as fixam em uma convenção: um martelo serve para pregar, e nada mais além disso.

Nossa intenção final no ensino das ferramentas, como já deve ter sido notado, não é apenas explicar as ferramentas e os seus significados, mas também explorar como as ferramentas afetaram a evolução humana até hoje.

Em outros ensaios deste volume, comentamos sobre a seleção natural, como ela favoreceu a utilização de ferramentas improvisadas e como, em tempo, a sobrevivência depende de forma crescente da capacidade de utilização das ferramentas. Há muitas coisas fascinantemente concomitantes nesta história. Armas melhores significam uma transferência para hábitos carnívoros. Isso, por sua vez, leva ao lazer; ou, pelo menos, um menor nomadismo após as origens, o que, por sua vez, tornou possível um assentamento permanente ou semipermanente. De forma ampla, modificações nas ferramentas significam alterações no modo de vida, modificações na cultura e na organização social e, finalmente, modificações na educação das crianças – como na invenção da escola.

Todos estes assuntos foram documentados por escavações na África do Sul e Leste. Esperamos levar nossos pupilos a especular as modificações na sociedade que acompanharam estas primeiras modificações na tecnologia para transmitir a idéia de que a mesma requer um contraponto na organização social antes que pudesse ser efetivamente utilizado pela sociedade.

Alguns exercícios interessantes foram trabalhados a fim de fornecer um sentido mais vivo do que são as ferramentas. Fala-se de um censo de habilidades – as tarefas que as crianças sabem como executar – junto a algum esforço para examinar como eles aprenderam (incluindo as habilidades com as ferramentas). Outra questão é a tentativa de estruturar uma ferramenta, de forma que as crianças possam ter alguma noção das questões programáticas que se pode fazer.

A ferramenta em questão é um descascador de laranja (definida de forma clara), mas, em linhas gerais, a questão é como alguém descasca algo. A primeira tentativa na classe produziu utensílios (e idéias) que as crianças pensaram ser superiores a tudo que se pode encontrar em uma cozinha de uma casa.

Há algumas formas de tratar as ferramentas para fabricar novas ferramentas, bem como para as ferramentas que controlam as várias formas de poder natural. Uma possível rota na direção desta discussão é uma visão geral da confecção de ferramentas – das primeiras ferramentas "espontâneas" ou apanhadas aleatoriamente, passando para aquelas moldadas em determinado padrão, até as modernas concepções da relação homem-máquina como no sistema contemporâneo de pesquisa. Além disso, tentamos conceber um jogo cujo objetivo é a criação de uma ferramenta envolvendo variáveis como custo, tempo, especificidade da função, habilidade necessária com o objeto para deixar claro a natureza programática das ferramentas e a forma na qual as ferramentas representam extensões seletivas do poder humano.

| ORGANIZAÇÃO SOCIAL |

A seção sobre organização social tem como objetivo fazer que as crianças tenham ciência de que existe uma estrutura na sociedade e que essa estrutura não é estanque. Ela é composta de forma que não se pode modificar parte da sociedade sem modificar outras partes da mesma.

A forma como uma sociedade se organiza para lidar com suas questões depende de uma variedade de fatores, que vão desde a sua ecologia em um ponto até o irreversível curso da sua história e a visão de mundo do outro.

A primeira tarefa é levar a criança a reconhecer explicitamente certos padrões básicos em uma sociedade concreta, padrões que eles conhecerão bem em uma forma implícita e intuitiva, mas que requerem certo reforço para torná-los explícitos. Planejamos utilizar uma variedade de meios para atingir este fim.

Gostaríamos que as crianças inferissem a partir de casos concretos que, em grupos humanos além da família imediata, a continuidade não dependesse tanto de um grupo específico de pessoas, mas dos "papéis" preenchidos por elas. Novamente, como na utilização da linguagem e da ferramenta, há estruturas que podem ser substituídas. Tal organização social é marcada pela reciprocidade e pelas trocas – a cooperação é compensada por proteção, serviço, pagamentos, e assim por diante. Há sempre um processo de dar e receber. Há também formas de legitimidade e sanção dos limites de comportamento possível em um dado papel. São os elos impostos pela sociedade, que não dependem de escolha pessoal.

A lei é um caso clássico, porém não o único. Não se pode roubar legalmente, mas por outro lado, pode-se ignorar o deslize dos amigos com a impunidade, e a lei nada tem a ver com isso. A sociedade, além disso, tem certa visão do mundo, uma forma de definir o que é "real", o que é "bom" e o que é "possível". Sobre este tema falaremos em um ponto posterior, mencionarei isso aqui somente porque é uma das idéias que esperamos introduzir nesta parte do curso. Acreditamos que estas questões podem ser apresentadas de forma emocionante, próxima à vida e intelectualmente honesta.

A pedagogia ainda não é clara, mas estamos no caminho de algumas abordagens interessantes: a dificuldade com a organização social e sua ubiqüidade e familiaridade. O contraste pode ser nosso melhor meio de poupar a organização social da obviedade, por meio da comparação das nossas próprias formas de organização social com aquelas dos babuínos, dos esquimós, dos povos primitivos, dos homens pré-históricos, como inferido a partir das escavações na Europa e na África. Mas, além disso, nós desenvolvemos uma família de jogos designados a trazer a ciência/consciência das crianças à organização social.

O primeiro destes jogos, a "caçada", estruturado para simular as condições dos primeiros grupos de seres humanos engajados na atividade de caça, é padronizado a partir da vida e da ecologia dos povos no deserto de Kalahari. O jogo simula (de forma idêntica aos chamados jogos do Pentágono, usados para elevar as sensibilidades dos generais) o problema de planejar até onde se pretende chegar com a pesquisa por vários tipos de jogos, como os recursos precisam ser divididos por um grupo para ir além da caça ao "verme". Parte-se, então, para jogos mais amplos, que simulam como a diferenciação do trabalho gerou a fabricação e utilização de armas e como decidir entre a utilização dos diferentes terrenos na caça. Dado o formato do jogo, seu conteúdo pode ser facilmente variado para as condições de vida de outros grupos de caçadores – como os esquimós – com o objetivo de oferecer um novo ponto de vista.

O que se provou particularmente interessante em nosso trabalho anterior com este jogo é permitir o agrupamento de uma considerável quantidade de material real sobre isso – relatos de vida dos habitantes de Kalahari (a respeito disso, há um material extraordinariamente rico, tanto cinematográfico quanto escrito), seus mitos e sua arte, a ecologia do deserto proibido que é o seu meio ambiente. O mesmo ocorre com os esquimós, dos quais temos documentação igualmente rica sobre os Netsilik de Pelly Bay.

Outra abordagem da organização social é realizada por meio da família, particularmente da família estendida e da idéia geral de classificação de parentesco. Nós planejamos exercícios que envolvem a "representação" da própria família pelos modelos feitos de madeira da árvore Balsa e pregos, materiais a serem moldados e coloridos de acordo com as necessidades. Crianças com 10 anos têm formas idiossincráticas de conceber suas próprias famílias longe das representações de "abaixo-acima" e "direita-esquerda" de parentesco demonstrado em um quadro genealógico.

A partir da própria família, elas iniciam uma "generalização" da família, uma representação realizada em grupo ao invés de individualmente. Uma vez equipados de um modelo novo e ordenado de imagens da família como um todo, as aulas se movem para a vila dos povos primitivos e suas três gerações, com seus padrões de prevenção, relações de brincadeiras e termos que revelam proximidade e todo o resto. As crianças gostam de participar de jogos de dicas, em que elas têm que identificar quem está sendo descrito no quadro por dicas como "ela faz piadas com Koko". Desta análise de parentesco, pode-se facilmente chegar à divisão do trabalho, e assim por diante, na "fábrica" da sociedade dos povos primitivos.

Finalmente, e novamente por meio do contraste, agora há uma vasta quantidade de material sobre a organização social dos primatas – uma considerável porção disso está disponível em filmes, o que serve extremamente bem de provocação na discussão sobre o que é unicamente humano sobre a organização social do ser humano.

| EDUCAÇÃO INFANTIL |

A seção sobre educação infantil possui três temas gerais, na esperança de esclarecê-los por meio das referências a materiais especiais nas áreas de linguagem, organização social, da confecção de ferramentas e da infância em geral. Um tema geral é a extensão e forma na qual a longa infância humana (assistida como é pela linguagem) leva ao domínio do sentimento na vida humana, em contraste com os padrões instintivos de gratificação e resposta encontrados em níveis mais baixos que o do homem. Isso significa que o afeto é elevado e controlado por símbolos – seres humanos têm uma postura em relação à raiva, ao invés de apenas senti-la ou não. O longo processo de formação do sentimento requer tanto uma infância estendida quanto o acesso, por meio da linguagem, a uma cultura simbolizada. Sem sentimento – ou valores ou qualquer que seja o termo preferido – é muito improvável que a sociedade humana ou qualquer coisa semelhante seja possível.

Um segundo tema é organizado sobre o ser humano (talvez o primata) na sua tendência sobre o domínio da habilidade por sua própria vontade – a tendência do ser humano de, no seu aprendizado do ambiente, ir além da necessidade adaptativa ao encontro da inovação. Trabalhos recentes sobre o desenvolvimento humano têm reforçado este ímpeto para a competência. Ele está presente na interação humana, na variabilidade do comportamento humano quando as coisas estão sob controle.

Da mesma forma que William James comentou, há um século, que o hábito era o pêndulo da sociedade, podemos dizer agora que a urgência inovadora é o acelerador.

O terceiro tema diz respeito à formação do homem pelo padrão de comportamento na sua infância – o fato de, enquanto todos os seres humanos são intrinsecamente humanos, sua expressão de humanidade ser afetada pela forma como passaram pela infância.

O trabalho com estes termos está apenas começando. Nosso exercício é fazer que as crianças descrevam diferenças entre a infância, adolescência e vida adulta para diferentes espécies, utilizando espécies vivas trazidas para a classe, no caso, e espécies não-humanas e irmãos gêmeos, no caso da espécie humana. Os espécimes para estudo podem ser filmados, ainda que o sucesso da sessão, digamos, com um macaco de dez dias sugira que isso deva ser realizado quando possível. No entanto, vários filmes são necessários para a preparação sobre a infância dos macacos, babuínos, povos primitivos e esquimós.

O esforço para lecionar a unidade sobre a infância nos ensinou a utilidade do conceito de ciclo de vida e quanto pode ser ganho, comparando os ciclos de vida de diferentes espécies até as pessoas. Isso nos dá uma matriz na qual fatos do crescimento têm um significado mais profundo para as crianças.

| VISÃO DE MUNDO |

A quinta seção se ocupa do ímpeto humano de explicar e representar o mundo, ocupando-se com o mito, com a arte, com a lenda primitiva e, apenas incidentalmente, fornece histórias, imagens religiosas e valor mítico das origens humanas. Seria mais preciso descrever o tema como "introdução à filosofia", em ambos os sentidos da expressão: filosofia em seu início e para os jovens.

Nossa concepção central é que os homens, em qualquer lugar, são humanos, porém avançados ou primitivos em sua civilização. A diferença não é ser mais ou menos humano, mas a forma particular com que as sociedades humanas expressam suas capacidades.

Uma observação do antropólogo Lévi-Strauss coloca isso de forma correta:

> Tentativas prevalentes de explicar diferenças alegadas entre a chamada mente primitiva e o pensamento científico têm recorrido às diferenças qualitativas entre os processos mentais de trabalho em ambos os casos, enquanto assumimos que as entidades que eles estiveram estudando permanecem em grande parte as mesmas. Se nossa interpretação está correta, seremos levados a uma via completamente diferente, ou seja, o tipo de lógica no pensamento mítico é tão rigorosa quanto aquela utilizada na ciência moderna, e que a diferença está não somente na qualidade do processo intelectual, mas na natureza das coisas as quais ela é aplicada. Isto está de acordo com a situação conhecida por prevalecer no campo da tecnologia: o que faz o machado de aço ser melhor

do que o de pedra não é que o primeiro tenha função diferente do segundo; os dois são bem confeccionados, mas o aço tem características bem diferentes da pedra. Da mesma forma, poderemos ser capazes de mostrar que o mesmo processo lógico opera no mito e na ciência e que o homem sempre pensou igualmente bem. A melhora está não no alegado progresso de desenvolvimento da mente humana, mas no descobrimento de novas áreas nas quais ele possa ser aplicado e seus poderes não modificados.[1]

Em um primeiro momento, parece que Lévi-Strauss toma uma posição que é variante em relação à visão expressa anteriormente de que as ferramentas amplificam os poderes dos músculos dos sentidos e a mente, e quanto mais potentes as ferramentas, melhor a amplificação. A diferença, porém, está no ato de conectar os potenciais humanos à expressão por meio das ferramentas. O homem alcança um melhor controle técnico de seu mundo por meio da ciência moderna, se comparado ao que conseguiria com a explanação mítica, mas tanto na ciência quanto no mito os mesmos componentes processuais ou operações lógicas fornecem uma base. É neste sentido que tentamos tornar claro que o homem é igualmente humano, independente de utilizar um machado de pedra ou de aço, de explicar os eclipses por meio da astronomia ou dos espíritos, de assassinos utilizarem armas ou magia.

Todas as culturas foram criadas da mesma forma. Uma sociedade, digamos, dos esquimós, pode possuir somente algumas ferramentas, mas as utilizam de modo versátil. As facas das mulheres fazem o mesmo que nossas tesouras, mas também servem para escalpelar, limpar e retirar miúdos de animais, além de outras funções. As facas dos homens são utilizadas para matar e retirar a pele dos animais, trabalhar madeira e ossos, cortar neve para formar blocos e construir iglus, além de cortar carne em pedaços. Tais armas simples são "a mãe de todas as ferramentas", das quais, por especialização, derivou uma grande

---

1 Claude Lévi-Strauss, *Structural Anthropology*, trans. by Claire Jacobson and Brooke Grundfest Schoepf (New York: Basic Books, 1963), p. 230

quantidade de ferramentas. O que se perde em variedade é ganho em versatilidade. O mesmo ocorre com os sistemas simbólicos. A essência de ser humano está na utilização de símbolos. Não sabemos qual é a primazia hierárquica entre a fala, a música, a dança e o desenho, mas o que quer que tenha surgido em primeiro lugar, tão logo foi utilizado para algo mais do que o ato em si, fez que nascesse o ser humano, e assim que ele se uniu a outro homem surgiu a cultura e, no momento em que apareceram dois símbolos, formou-se um sistema. Dança, música, pintura e narrativa, todas elas podem simbolizar a mesma coisa. Elas o fazem diferentemente. Uma forma de pesquisar uma visão de mundo é tomar uma narrativa importante e ver o que ela finalmente nos diz.

A narrativa, ou pelo menos o *corpus* da narrativa, talvez seja o material da filosofia. Ela pode refletir o que se acreditava sobre os corpos celestiais, a relação deles com os homens, pode contar como o homem surgiu, o que se acreditava sobre a vida e a morte, pode codificar a lei e a moral. Em resumo, pode dar expressão à doutrina básica da astronomia, da teologia, da sociologia, do direito, da educação e mesmo da estética.

No estudo dos sistemas simbólicos, queremos que os estudantes entendam os mitos ao invés de aprendê-los. Nós lhes damos exemplos de culturas simples pela mesma razão que um antropólogo viaja para uma sociedade isolada. Nossa esperança é levar as crianças ao entendimento de como o homem explica o mundo, sabendo que este tipo de explicação não é mais humana do que qualquer outra.

Selecionamos, como ponto de partida, duas sociedades de coletores e caçadores, esquimós e povos primitivos, para mostrar o que é a experiência de vida de povos caçadores. Ecologia, economia, estrutura social, tarefas dos homens e das mulheres, seus medos e ansiedades são refletidos nas suas histórias e na forma como as crianças são educadas. Um bom exemplo disso é a narrativa ou poesia esquimó que, se bem trabalhada em classe, pode mostrar às crianças que os problemas dos esquimós são semelhantes aos nossos: enfrentar seu ambiente, enfrentar seu semelhante e enfrentar a si próprio.

Esperamos mostrar que, onde quer que o homem viva, ele é obrigado a gerenciar não somente a sobrevivência e a criação, mas também pensar e expressar seus pensamentos. No entanto, podemos também levar as crianças a gostarem de certas particularidades de uma dada cultura – o sentido e uma ecologia alienígena, independentemente de ser ela selvagem ou de habitantes da neve – e a ganhar um entendimento enfático dos estilos alienígenas.

Nós introduzimos a origem do mito, de coisas levadas a ordem presente, o sol brilhando nas trilhas dos povos primitivos e, devido a isso, podem iniciar a caçada. Mas deveríamos sugerir algumas teorias possíveis para tornar a discussão mais lucrativa, teorias não em palavras, mas em formas de leitura e entendimento do mito. Se a narrativa é chamada de mito, o estado e coisas com que ela trabalha é radicalmente diferente das formas como as coisas são agora; e vale a pena examinar estas diferenças.

É possível estruturar formas para que as crianças analisem um recorte disto. Se for feito com apenas uma variante da história, tal análise pode render algo semelhante a um período gramatical, realizado com um grupo de mitos, algo comparável à gramática transformacional. É intrigante ver como as histórias se modificam. As crianças percebem as estruturas narrativas intuitivamente e podem ser auxiliadas a apreciá-las mais intensamente.

Por que a estrutura do mito deve ser ensinada tão precocemente? Por que não adiar até que o estudante possa lidar com a "teoria" por si mesmo e não somente com exemplos? Há uma razão: se tais assuntos são novos para um jovem de vinte anos, não há somente uma nova visão do aprender, mas uma velha visão estabelecida do não-aprender. Queremos que as crianças reconheçam que o homem está constantemente procurando trazer razões para o seu mundo, o que ele faz com uma variedade de ferramentas simbólicas, uma humanidade surpreendente e inteiramente racional. É um grande objetivo, mas que vale a pena tentar.

Mas também é necessário que as crianças "sintam" o mito à medida que o entendam, porque isso é diferente de uma "explanação" ou "narrativa". Nós constatamos que isso requer muito cuidado no lecionar. Pelo menos dois métodos foram utilizados. Cada um deles pareceu capturar de forma elevada a imaginação das crianças. No primeiro, em uma unidade com uma semana de duração, as crianças foram apresentadas de forma abrupta à sociedade esquimó por meio de um filme sobre uma família, composta por Zachary, Marta e o filho de quatro anos, Alexei (uma família que foi observada durante um ano para o nosso filme em Pelley Bay). É um filme em que eles estão saltitando sobre o gelo rachado para pescar salmão e apanham uma boa quantidade, até que o forte som de uma tempestade aumenta e o filme chega ao fim.

Esta "introdução" é especialmente útil, mostrando o estilo de vida dos Netsilik, cheios de humanidade e do ambiente selvagem, formado pelo terreno e o clima. Segue-se uma extensa discussão sobre focas e sobre quanto os esquimós dependem deste animal, para vestimenta, habitação e utilização dele em sua vida diária. Depois disso, há um filme curto sobre a extraordinária técnica de abordagem de uma foca no gelo, rastejando vagarosamente na direção da presa, com evidente astúcia, e aguardando para arpoá-la antes que ela volte para a água através do buraco que utilizava para respirar: Zachary falha. As crianças fazem tentativas escrevendo sobre o sonho que eles possivelmente tiveram naquela noite. Elas precisam de muita coragem para evitar o pretensioso padrão de sonho da mídia de massa. Por que Zachary falhou? Com toda a sua incrível habilidade para o manuseio da ferramenta, por que a foca conseguiu escapar? Deixaremos que o sonho seja a este respeito. As histórias e ilustrações foram algumas vezes assustadoras, freqüentemente semelhantes a um mito e sempre dramáticas. Somente após isso é que as crianças conheceram o Nulijiajik, o mito da origem das focas, que diz que uma garota esquimó órfã tentou subir em uma jangada e foi repelida, tendo seus dedos cortados. Então, tornou-se foca e, deixada com um sentimento nunca saciado de vingança contra a humanidade, manteve as focas sob seu domínio. Comovemo-nos tanto com a intensidade do sentimento demonstrado pelas crianças em relação às qualidades míticas do conto Nulijiajik quanto por elas próprias (por meio de esforço próprio) se tornarem adeptas da "explanação", do julgamento e da imaginação.

Alguns ainda preferem suas próprias histórias àquelas sobre o Nulijiajik, mas isso não importa. O exercício em questão foi realizado em uma sessão tumultuada de verão, e poderia ser realizado com maior profundidade para incluir o que outra classe fez – construção de "histórias que incluem opostos", exercícios para elucidar a estrutura formal dos mitos. As crianças fizeram, em princípio, uma lista de opostos: frio-quente, homem-mulher, valente-medroso, e assim por diante. Eles então escolheram um ou tantos quantos desejaram de uma lista para escrever, "reconciliar" ou "aliar". Eles estavam absorvidos pela tarefa e, no processo, desenvolveram um sentido profundo sobre o que é um mito, descobrindo por seus próprios esforços na composição o que, por meio de outros exercícios analíticos, eles também foram capazes de descobrir a respeito do corpus dos mitos sobre os quais escreveram.

| PEDAGOGIA |

Um problema persistente em estudos sociais é a recuperação dos fenômenos da vida social, a partir da familiaridade, sem, ao mesmo tempo, fazer que tudo parecesse "primitivo" e bizarro. Quatro técnicas se prestaram particularmente úteis para atingir este fim. A primeira é o contraste sobre o qual muito já foi dito. A segunda é a estimulação e o uso de uma suposição informada, tecendo hipóteses e procedimentos conjeturais. A terceira é a participação, especialmente pela utilização de jogos que incorporam as propriedades formais às quais o jogo é análogo. Neste sentido, um jogo é uma representação artificial mais convincente da realidade. A quarta é a antiga abordagem de estimulação da autoconsciência. Nós acreditamos que há uma estratégia que pode ser aprendida para descobrir noções não ditas e formas não declaradas de abordar as coisas.

Antes de considerar cada uma delas, deixe-me dizer algumas palavras sobre um ponto de vista bem diferente do nosso. Ele sustenta que se deve iniciar ensinando estudos sociais através da apresentação do entorno familiar, da rua e da vizinhança. Esse é um ideal recomendável; a única falha é o não reconhecimento do quão difícil é para o ser humano reconhecer a generalidade em algo que se tornou familiar.

O amigável carteiro é, com efeito, o vigário dos poderes federais, mas levar a criança a reconhecer tais poderes requer muitos desvios no domínio do que se constitui o poder, a noção de federal ou do outro e, como, por exemplo, diferem-se o poder constituído e a força exercida por meio da vontade. Nós encontramos uma forma de despertar a curiosidade das crianças com detalhes em que o drama intrínseco e a significância humana são certos, não importando se isso ocorre próximo ou distante. Se pudermos, paralelamente, ativar paixão por trazer ordem ao que foi estudado, a tarefa terá sido bem iniciada.

Um comentário sobre o contraste. Ele é utilizado na pedagogia desde a Antigüidade, e, desta, forma é colocado na teoria da aprendizagem, como um importante fator de estabelecimento das categorias conceituais. Esperamos utilizar quatro tipos de contraste: homens *ver-*

sus primatas superiores, homem *versus* homem pré-histórico, homem tecnológico contemporâneo *versus* homem primitivo e homem *versus* criança. Juntamos material relevante para cada um dos contrastes – filmes, histórias, artefatos, textos, fotos e, sobretudo, idéias para apontar contrastes no interesse de atingir o entendimento.

Além disso, esperamos que nossos alunos alcancem um senso e uma continuidade em primeiro lugar, apresentando a eles o que pode ser o contraste e deixando-os conviver com isso o tempo suficiente para que eles sintam que o que parecia bizarramente diferente é, de fato, muito semelhante ao que eles entendem de suas próprias vidas.

Foi assim com o material da nossa maior coleção: um arquivo de filmes feitos durante o ciclo de um ano sobre a família esquimó de Netsilik.

A ecologia e os fatores externos são cheios de contraste em relação às estruturas americana e européia. Porém, há material disponível suficiente, de forma que nossos estudantes possam trabalhar no ciclo anual de uma família e ter senso da integridade, não somente de uma família, mas de uma cultura. É característico dos esquimós de Netsilik, por exemplo, que eles façam algumas ferramentas e armas especializadas, tais como seus arpões para pesca. Também é característico, no entanto, que cada homem saiba o que fazer com as pedras que encontra ao seu redor e que o esquimó é um artesão de soberbo talento. Sempre que ele necessita de fazer algo improvisado, as ferramentas surgem do nada. Uma pedra plana, óleo de pequenos peixes e uma tocha de algodão do ártico e ele tem uma lâmpada. Então, enquanto o equipamento do esquimó apresenta um grande contraste em relação à moderna tecnologia, ele serve, talvez, ainda melhor para apresentar a lógica interna, inerente a cada sociedade, qualquer sociedade. Cada uma tem sua abordagem própria em relação à tecnologia e ao uso da inteligência. É no reconhecimento dessa integridade única da sociedade humana – onde quer que isso ocorra – que as crianças são levadas ao que, inicialmente, parece contraste, mas que, no final, é visto como continuidade.

Sobre o modelo hipotético, penso, pode-se somar nossa atitude, dizendo que ela auxilia pouco no sentido de dar informação que não é pedida. Deixe-me ilustrar. Nós fizemos um filme sobre Zachary, o pai da família esquimó Netsilik, que foi filmado caçando focas sozinho e esperando que a foca viesse para a superfície através dos buracos para respiro feito no gelo. Uma foca tem aproximadamente uma dúzia de buracos para respiro. Qual deles deve ser vigiado? E se a quantidade de caçadores for de meia dúzia, como distribuí-los? De fato, filmamos um grupo de caçadores observando os buracos para respiro. Mas, antes de mostrar isso, fizemos que as crianças imaginassem uma solução para o problema. Fizemos o mesmo com a organização da tropa de babuínos masculinos adultos, femininos adultos, jovens e filhotes. Como eles se distribuem ao longo do seu território onde há predadores? É mais interessante aprender os fatos após eles tentarem resolver a questão.

Jogos prestam um grande serviço ao envolvimento de crianças no entendimento da linguagem, da organização social e de todo o resto. Eles também introduzem, como notamos, a idéia de teoria destes fenômenos. Nós não sabemos em que extensão estes jogos serão bem-sucedidos, mas devemos dar a eles uma chance, tomando sempre cuidado. Eles fornecem meios soberbos de fazer que as crianças participem ativamente do processo de aprendizagem como participantes, e não espectadores.

Da mesma forma, para estimular a autoconsciência sobre o pensamento e os seus caminhos, sentimos que a melhor abordagem é aquela realizada através do domínio da arte de receber e utilizar a informação dada – aprendendo o que envolve ir além da informação fornecida e o que torna possível tais transições abruptas. Richard Crutchfield tem conseguido bons resultados nesta área com a utilização de nada mais complicado que uma série de gibis (revistas em quadrinhos), nos quais as histórias de um detetive, auxiliado por seus sobrinhos e sobrinhas, são recontadas. O tema é a utilização inteligente das pistas.

Na medida em que as crianças exploram as implicações das pistas obtidas, a capacidade delas raciocinarem aumenta e elas formulam mais e melhores hipóteses. Nós planejamos estruturar materiais nos quais as crianças sejam capazes de realizar este tipo de pensamento associado ao curso – possivelmente em conexão com materiais sobre a pré-história, onde isso pode ser mais relevante. E se descobríssemos que as roupas que as pessoas vestiam eram feitas de pele de cabra, o que eles poderiam inferir sobre a quantidade de caçadores e como eles se pareceriam na época?

As crianças devem ter, pelo menos, a autoconsciência das suas estratégias de pensamento, na medida em que esses iniciam suas tentativas de armazenar dados na memória. Elas também devem ter consciência das ferramentas do pensamento, explanação causal, categorização e todo o resto. Uma destas ferramentas, talvez a principal, é a linguagem, e é nosso trabalho fazer que as crianças observem isso sob este ponto de vista.

A necessidade mais urgente de todas é dar aos nossos pupilos a experiência do que é utilizar um modelo teórico, com algum sentido do que está envolvido na consciência de que se está provando uma teoria. Devemos, de fato, tentar encorajar os estudantes a descobrir por si mesmos, mas é obvio que não precisam descobrir todas as generalizações por conta própria.

Ainda assim, queremos dar a eles uma oportunidade para desenvolver uma competência razoável nisso e uma confiança própria em sua capacidade de operar de forma independente. Há também alguma necessidade das crianças em descansar e rever para reconhecer as conexões daquilo que aprenderam, o tipo de descoberta interna que, provavelmente, é a de maior valor. O cultivo deste senso de conexão é, com certeza, o cerne da questão. Porque se não fizermos mais nada, devemos, de alguma forma, respeitar as crianças pela sua própria capacidade de pensar, por seu poder gerador de boas questões, de surgir com inferências interessantes.

O que foi dito na área de estudos sociais até agora tem sido um aglomerado de fatos. Nós devemos fazer do estudo algo mais racional, mais ameno para utilizar a mente em maior proporção no lugar de lidar somente com a memorização pura e simples.

| A FORMA DO CURSO |

É notório que o sucesso de qualquer curso depende de quão bem ele é lecionado pelo professor, e isto é particularmente verdadeiro em estudos sociais, onde a atitude do professor é tão eloqüente quanto qualquer material apresentado no curso. Temos consciência do problema e tentamos lidar com ele por meio da natureza dos guias que forneceremos aos professores. Porque uma coisa é descrever a natureza do curso em termos das disciplinas que são utilizadas e os seus objetivos pedagógicos e outra coisa é colocar estas esperanças em forma trabalhável para professores reais em classes reais. Professores são tão limitados pelas suas cargas de trabalho que seria em vão esperar deles uma leitura geral e ampla o suficiente para serem capazes de dar forma ao curso em seus próprios termos.

Os materiais a serem cobertos neste curso, além disso, são vastos em relação ao escopo para serem ligados. Os materiais, em resumo, devem ser úteis e atrativos não somente ao professor altamente talentoso, mas também aos professores em geral e aos que vivem com a fadiga comum de ter de lidar com jovens estudantes no dia a dia. Eles não podem ser sobrecarregados com leitura, nem a leitura pode ser de tal magnitude que os deixem com a sensação de impotência. Ao mesmo tempo, o material apresentado deve ser configurado de forma livre o suficiente para permitir ao professor satisfazer seus interesses em formar o produto final para ser apresentado às crianças.

Posto isso, podemos afirmar o que entendemos por unidades e os elementos que perfazem o curso. A unidade é o corpo de materiais e exercícios que podem ocupar vários dias do tempo da classe ou um pequeno intervalo de tempo como metade do período de aula. Em resumo, ela pode ser oferecida por completo e acumular uma quantidade considerável do conteúdo do curso, ou ser dada *en passant*.

Além disso, algumas unidades certamente não serão utilizadas, sendo feitas somente para professores com interesse especial em um tópico ou em um determinado tipo de exercício. Há algumas unidades que possivelmente podem ser encaixadas em um curso de um ano, e os professores serão encorajados a colocá-las em uma forma que seja cômoda a seus próprios interesses.

Desta forma, a coleção de tais unidades constituem o curso de estudo, mas a imagem não é a mais adequada, na medida em que tantas peças seqüenciais se juntam em algum princípio de sucessão. Nossa esperança é que, após um certo número de unidades, uma unidade possa ser introduzida para "recodificar" o que foi exposto anteriormente e explorar a conexão. Algumas unidades somente revisam, e não apresentam material novo.

A unidade mestra fica à mão do professor e consiste de seis elementos.

1. *Conversas com professores*. Elas consistem de relatos vívidos da natureza da unidade, particularmente da natureza do seu mistério, o que nele impele à curiosidade e à admiração. Nossa experiência em preparar isso indica a grande importância de estar próximo a um grande profissional desta área, se possível encontrar um excelente artigo que pode ser apresentado de forma resumida. A estrutura da linguagem

(extraído de Hockett) ou a natureza do parentesco (extraído de Radiclife – Brown), ou como as coisas devem ser denominadas (Roger Brown) são alguns exemplos. O gênero necessita de mais estudo, e nós estamos explorando o tipo de narração, algo que seja, ao mesmo tempo, ciência e poesia. Se mais tarde descobrirmos que os estudantes acham a "conversa com os professores" útil, melhor ainda.

2. *Questões e contrastes*. No experimento de materiais a serem ensinados, aprendemos certas formas de transmitir idéias ou fazer que os estudantes pensem as questões de forma independente. Muitas vezes, eles podem ser embutidos em instrumentos – fotos, textos e diagramas. Algumas vezes, porém, elas são mais bem expressas como dicas para professores sobre questões a utilizar e contrastes a invocar.

"Como podemos melhorar a mão humana?" pode ser uma questão útil. O mesmo ocorre com a pergunta: "Quais as diferentes formas de algo poder 'significar' algo mais, como uma luz vermelha em um semáforo que significa pare?"

Nós já falamos sobre o nosso afeto tático pelo contraste e apresentamos alguns exemplos úteis em nosso projeto. Um deles é fazer os estudantes contrastarem um grito de dor com a expressão "isso dói". Outro é comparar palavras comuns nas quais os fonemas podem ser inferidos, como as palavras em inglês *hit*, *hat*, *hate*, *hut* e *hot*. Ou a diferença a ser encontrada em dois alófonos do fonema (p) nas palavras em inglês *spit* e *pit*; o último deles estoura nos lábios, enquanto o primeiro não, embora os dois se refiram à "mesma letra" ou ao mesmo som, enquanto *hat* e *hate* são "diferentes".

3. *Instrumentos*. Esta parte da unidade contém a "matéria-prima" – o material para os estudantes. O instrumento principal entre os materiais é, claro, o texto, e nós estamos nos esforçando para preparar este material. Em uma boa temporada, esperamos entender melhor esta questão obscura. No momento, produzimos e, como outros, tentamos encontrar ou levá-los a serem escritos, materiais que são interessantes, informativos e têm estilo decente.

Mas há muitos instrumentos além da leitura que necessitam ser desenvolvidos para diferentes unidades. Um deles é o rolo de filme para utilização com projetores alimentados por cartuchos technicolor, que utilizamos de forma crescente. Estamos reunindo filmes de quatro minutos, construídos com o material dos esquimós, povos primitivos e do domínio dos babuínos com a intenção de questionar e propor enigmas. Freqüentemente, filmes produzem uma forma de passividade. Podemos estruturá-los para fazer o oposto? Por que "o ano passado em Marienbad" estimula tanto a curiosidade? Exploramos também o que poderia ser feito com os jogos, como já mencionamos, com animações, gráficos e mapas.

4. *Exercícios modelo*. De vez em quando, no planejamento de uma unidade, é certo que o problema que enfrentamos não é tanto o sujeito da questão, e sim os hábitos intelectuais das crianças em escolas comuns. Nós já comentamos alguns problemas: a dificuldade de muitas crianças, e de alguns adultos, de distinguir o necessário de condições suficientes e necessárias; a tendência das crianças na utilização da informação, sem explorar seu poder de inferência até o fim; além das dificuldades de categorização. Exercícios modelos são estruturados para sobrepujar tais dificuldades intelectuais. Acreditamos que eles estão melhor embutidos nos materiais que os professores lecionam, mas muitas vezes é útil fornecer ao professor material adicional especial. Nós pretendemos usar quebra-cabeças, charadas e jogos como um tipo de conjunto de primeiros socorros pedagógico.

5. *Documentários*. São relatos, ou mesmo material gravado, com crianças comuns trabalhando com os materiais da unidade. Utilizamos o documentário, para ser um exemplo e, ao mesmo tempo, típico o suficiente para estar ao alcance do professor em seu próprio trabalho. Junto com o documentário há uma descrição analítica. O documentário analítico é estruturado para servir a dois propósitos. O primeiro é tornar claro para nós e os professores o que de fato são os problemas envolvidos em determinados tipos de domínio intelectual que esperamos estimular nas crianças. Neste sentido, o documentário é um esclarecimento posterior dos nossos objetivos pedagógicos. Em outro sentido, ele representa uma tentativa de nossa parte de habituar os professores a pensar em termos mais gerais sobre a vida intelectual das crianças. O segundo objetivo (educacional) é dar ao professor o que pode ser a mais útil psicologia educacional do que aquela que é utilizada em livros – textos convencionais dedicados a este obscuro tema.

Nossa esperança, na medida em que prosseguimos com o nosso trabalho, é que haverá modificações na forma de pesquisar problemas gerais, que poderão ser resolvidos em centros de pesquisa não diretamente equipados para as rotinas diárias da elaboração e avaliação de currículos. O trabalho de tais centros, bem como a pesquisa na literatura sobre o desenvolvimento intelectual, serão constituídos em uma fonte contínua em que se pode escolher material para documentários analíticos.

6. *Materiais suplementares*. A seção final do "kit" da unidade consiste de materiais suplementares, como livretos (e listas de livros), filmes adicionais e jogos, além de outros que possam atrair a atenção tanto do aluno diligente quanto do aspirante a professor. Sem dúvida, tornar-se-á mais claro o que é necessário como suplemento quando avançarmos na provisão do que será o nosso padrão. Na construção de unidades, reunimos, freqüentemente, o melhor especialista de determinada área, para servir de auxílio na confecção dos materiais, e um grupo de alunos que estuda o material. O especialista esteve "lá" – seja o professor Asen Balikci com os esquimós, Dr. Richard Lee ou Lona Marshall com os habitantes do Kalahari, Dr. Iven DeVore com os babuínos do Leste da África – e as crianças leram e ponderaram. O resultado é um colóquio no qual crianças e especialistas mostram o quão vivo e direto um discurso pode ser.

Se formos totalmente bem-sucedidos no planejamento e ensino do curso, teremos alcançado cinco ideais:

1. Dar aos nossos estudantes o respeito e a confiança no poder de suas próprias mentes.
2. Estender o respeito e a confiança ao poder de pensar sobre a condição humana, a situação do ser humano e sua vida social.
3. Fornecer um conjunto de modelos trabalháveis que tornam mais simples analisar a natureza do mundo social no qual vivemos e a condição em que o homem se encontra.
4. Imbuir o senso de respeito pelas capacidades e a humanidade do homem enquanto espécie.
5. Deixar o estudante com a sensação de que não conhece tudo sobre a evolução humana.

Capítulo 5

Ensinando Uma Língua Nativa

Freqüentemente penso que poderia fazer mais por meus estudantes ensinando-os a escrever e pensar em Inglês do que ensinando minha disciplina. Não que eu valorize tanto o discurso, proveniente de outras pessoas, que é certo, claro e gracioso – seja ele falado ou escrito – porém, a prática de tal discurso é o único caminho para assegurar o que se diz de correto, cortês e poderoso para si próprio. Porque é extraordinariamente difícil dizer tolices claramente sem expô-las ao que elas são – não importa se você reconhece isso por si próprio ou se outros o fazem por você.

Deixe-me explorar, então, o que está envolvido na relação entre linguagem e pensamento, ou melhor, entre escrita e pensamento. Ou, talvez, seja ainda melhor falar sobre como o uso da linguagem afeta a utilização da mente.

Considere isso. Entre ler, escutar, ouvir e falar, as pessoas sentem sono mais facilmente ao ler, depois ao escutar e somente com muita dificuldade enquanto escrevem ou falam – embora eu tenha visto isso ocorrer entre aquelas pessoas que foram privadas de sono por longo período. Há uma grande diferença entre decifrar (como quando se ouve ou lê) e cifrar (como quando se fala ou escreve). Na audição ou leitura, nosso período de atenção está tipicamente atrasado em relação ao ponto onde nossos olhos ou ouvidos viajam. Mantemos palavras e frases na mente até que possamos unir à elocução. Um colega meu, que tem estudado os mecanismos integrantes retrospectivos envolvidos em ouvir, observou que os indivíduos mantêm as decisões suspensas até verem o que ocorrerá, permitindo a eles voltar ao que foi dito e atribuir à mensagem um sentido sintético final. Mas nós, é claro, auxiliamos nossos ouvintes e leitores por meio da redução da quantidade de bagagem proveniente da memória que eles têm de armazenar até o fim da sentença. Escrevemos assim:

Este é o cachorro que perseguiu o gato que matou o rato.

E evitamos:

Este é o rato que o gato que o cachorro perseguiu matou.

Ao falar ou escrever, o padrão é bem diferente: a flecha aponta para frente ao invés de para trás da expressão. Ela organiza, antecipando e ordenando pensamentos e palavras e transformando-as em expressão, antecipando o que é necessário dizer. Se o ouvinte se desloca para trás e para frente entre o presente e o passado imediato, o orador se move principalmente entre o presente e o futuro. A condição do ouvinte é de "se deixar para trás" e a do orador é a de "ir para frente, em relação àquilo que diz". "Deixar-se para trás" é um estado no qual o ouvinte não tem tempo suficiente para decodificar, ir adiante, à frente de alguém também é uma falha em relação ao antecipar adequado. Pressionado pelo tempo, o ouvinte fica cada vez mais para trás e o orador vai cada vez mais para frente. Não é de se surpreender, então, que o ouvir seja soporífero no sentido de tornar indistinto o presente e o passado.

O efeito tônico de falar, acredita-se, é o impulso da margem do presente em direção ao futuro. Em um caso, a antecipação é forçada pela suspensão. No outro, a atividade é denominada por ela. Não consegui retirar o amarelo.

Você prontamente sugerirá que estou a ponto de dizer que a leitura deve ser resgatada da sua passividade e transformada em uma atividade mais dinâmica. De fato, eu realmente acredito nisso. Mas esse não é um tema novo. Nós todos descobrimos isso (com satisfação) por nós mesmos. Como estudante, participei do curso ministrado por I. A. Richards, uma excelente pessoa e um grande mágico. Tudo começou com este extraordinário professor, ao virar de costas para a classe e ao escrever no quadro negro, com sua letra angular, as seguintes linhas:

Cinza é toda teoria.
Verde faz crescer a árvore dourada da vida.

Por três semanas, permanecemos com estas frases na cabeça, com a imagem das visões clássica e romântica, com os críticos que buscaram explorar duas formas de vida: nos envolvemos na leitura de uma peça de Goethe relacionada ao assunto, porém ruim, denominada Torquato Tasso, sempre em um estado de diálogo, embora Richards falasse sozinho.

O tempo de leitura para onze palavras foi de três semanas. "It was the antithesis of just reading, and the reward in the end was that I owned outright, free and clean, eleven words."[1] Uma boa troca. Nunca li anteriormente com um sentimento tão vivo de conjectura, como um orador, e não como um ouvinte; como um escritor, não como um leitor.

Eu não preciso argumentar sobre as virtudes de despertar alguém para a leitura. Ao invés disso, espero colocar um problema diferente, embora estreitamente relacionado à questão anterior. Deixe-me iniciar afirmando, sem hesitação – embora haja ampla evidência que suporte meu ponto de vista –, que a linguagem é o instrumento maior do pensamento.

Quando estamos pensando nas fronteiras de nossas capacidades, somos engajados por palavras e levados por elas. Observemos o surgimento da sintaxe na vida de uma criança. Durante o segundo ano de vida, ela desenvolve a curiosa, porém poderosa, construção da elocução de uma holófrase: mama, melado, acabou, não, dá-dá.

Se você estuda o desenvolvimento, descobrirá que certo dia, e isso deveria ser celebrado como uma festa de aniversário, a criança misteriosamente construirá uma expressão sintática. Quando a mãe lava a geléia de suas mãos, ela diz "acabou". Se você continuar observando, durante as próximas semanas, ela enunciará uma nova construção ao limite: uma estrutura sintática composta por um pivô pertencente à classe próxima, "se foi", e uma classe aberta, que contém praticamente todas as outras palavras em seu vocabulário. Tudo se foi daquilo que tinha em você. Logo surgem novas palavras-pivô, sempre no mesmo tipo de posição privilegiada comparado a outras palavras no vocabulário dela. No primeiro mês após sua aparição, existem algumas expressões contendo uma construção pivô. Poucos meses depois elas serão em uma quantidade maior do que uma centena.

---

1 "Isso foi a antítese do ato de simplesmente ler; no final a recompensa foi possuir onze palavras de forma completa, livre e limpa."

O que isso tem a ver com o nosso tema? Tem muito a ver com ele: a criança adquiriu não somente uma forma de dizer algo, mas um poderoso instrumento para combinar experiências, um instrumento que pode, agora, ser utilizado como ferramenta para organizar pensamentos sobre coisas. Já observamos que palavras são convites à formação de conceitos. Pode-se dizer igualmente que a propriedade combinatória ou produtiva da linguagem é um convite para o desmembramento de experiências e o rearranjo delas em novas formas. Considere o poder recém-descoberto e o encanto da criança que consideramos há pouco. Ela retorna de um passeio no seu carrinho e diz: fui, tchau-tchau. Eu afirmo, com efeito, que em uma medida desconhecida, mas considerável, do poder das palavras é o poder do pensamento. Há o professor de redação, como se convencionou chamá-lo na última metade do século, mas poder-se-ia também ensinar o cálculo do pensamento.

De fato, gostaria de dizer que o membro mais próximo do professor de redação é o professor de matemática. O último ensina o cálculo artificializado do pensamento, aplicado principalmente ao que se denomina problema bem-formado. Os problemas malformados, para os quais o cálculo da gramática é mais útil, são incalculavelmente mais interessantes e estressantes. Isso é o que o professor de composição tem sob sua responsabilidade.

Como conceber a linguagem como um cálculo do pensamento para problemas malformados – problemas sem soluções únicas? Eu prefiro olhar para isso a partir do ponto de vista das funções que a linguagem oferece ao orador exteriormente, para então considerar quais dessas funções também servem internamente para auxiliá-los a organizar nossos pensamentos sobre o mundo. Meu distinto amigo e colega Roman Jakobson tem alguns comentários penetrantes a fazer sobre este tema.[2] Ele sugere que existem seis funções distintas da linguagem: emotiva, conativa, referencial, metalingüística, poética e fática. É uma lista formidável. Ele a deriva da natureza do discurso e, se nós assumirmos que muito do pensamento é um discurso ou um diálogo internalizado, é razoável supor, ou não, que estas funções devem ser representadas no pensamento.

O discurso consiste, na sua essência, de um remetente, um destinatário e um contato que os une, uma mensagem a que se refere e

---

2 In T. A. Sebeok, ed., *Style in Language* (New York: John Wiley & Sons, 1960), p. 350-374

um código lingüístico que governa a forma na qual as mensagens são colocadas juntas às coisas a que ela se refere. A função referencial da linguagem tem a ver com a forma para a qual as coisas são direcionadas pelas suas elocuções."Este é o homem". "O que aconteceu com o espírito de equipe?" A função emotiva expressa os sentimentos internos do remetente por meio das palavras ou da entonação. "Como é bom estar aqui" é um exemplo banal. "Droga" é melhor. A função conativa procura produzir um comportamento no destinatário. "Vá a um convento" ou "por favor, segure meu chapéu". A função fática tem como objetivo a manutenção do contato e é melhor ilustrada pelo "hã-hã" emitido ao telefone, quando desejamos tornar claro ao outro que ainda estamos ouvindo. A função poética tem a ver unicamente com a mensagem: "uma garota tem o costume de falar sobre o terrível Harry. / Por que terrível? / Porque eu o odeio. / E por que não abominável, horrível, ameaçador, de dar pena? / Eu não sei porque, mas terrível se encaixa, descreve-o melhor". Jackobson afirma triunfante e muito corretamente que, sem perceber, ela utilizou a ferramenta poética da paronomásia. No jargão da lingüística, a função poética move a ênfase das regras da seleção de palavras para as regras de combinação de palavras, a preocupação pura com a estrutura da mensagem, o prazer de todos que se preocupam com as palavras. E, finalmente a metalingüística. Esta é a jurisprudência aplicada à linguagem: esta elocução se enquadra no código – é ou não é "égua" o feminino de "cavalo" e o que é classe de contraste? Ou simplesmente "você sabe o que eu quis dizer?"

Eu espero não ter aborrecido você com os pormenores técnicos para estruturar um ponto único. O ponto é, simplesmente, que a linguagem serve a muitas funções, possui objetivos, emprega muitas vozes. O que é mais extraordinário em tudo isso é que ela comanda aquilo a que se refere, descreve à medida que tece a poesia, adjudica à medida que expressa, cria beleza quando faz que as coisas clarearem, serve a todas as outras necessidades, na medida em que mantém o contato. Ela faz tudo isso simultaneamente, e as faz com respeito às regras e aos cânones tal como um orador nativo; muito precocemente é capaz de dizer se elas estão bem-feitas ou malogradas.

Gostaria de sugerir que um homem com disciplina intelectual é alguém que domina as várias funções da linguagem, um indivíduo que tem sensibilidade a respeito de como variá-la, como dizer o que gostaria de expressar – para si e para os outros. Uma elevada manutenção do contato e quase nenhuma referência é entediante. Muita expressão e pouco conteúdo gera confusão. O que é verdadeiro no discurso externo pode também se tornar verdadeiro no discurso interno consigo próprio. Considere agora, porém, a relação das linguagens externa e interna. É possível alguém ser claro para si e turvo ao dizer o mesmo para os outros?

A forma ou o estilo da mente é, em certa medida, o resultado da internalização das funções inerentes da linguagem que utilizamos. Deixe-me ilustrar o que quero dizer com internalização, citando dois experimentos, ambos de psicolingüistas russos.[3] Cada pesquisador formulou uma tarefa suficientemente direta. Quando um tipo de sinal surgisse, os jovens indivíduos deveriam apertar um botão com a mão direita; quando o outro tipo de sinal aparecesse, o botão seria pressionado pela mão esquerda.

Na primeira pesquisa, conduzida por Martsinovskaya, a amostra era composta por crianças entre três e oito anos. A sua primeira tarefa era apertar o botão quando um círculo vermelho surgisse, e a outra quando um círculo verde aparecesse. Os círculos tinham fundo cinza ou amarelo. Essa é uma tarefa fácil e crianças de três anos a realizaram bem, como as crianças mais velhas. Após isso, estando a tarefa dominada, foi dito às crianças que ignorassem as figuras vermelha e verde e se concentrassem no plano de fundo, um botão para o cinza e outro para o amarelo, independente de qual cor aparecesse sobre eles. Sob estas circunstâncias, as crianças mais novas tiveram grande dificuldade. Elas pareciam incapazes de inibir as reações às figuras; eram, de alguma forma, incapazes de instruírem a si mesmas de forma apropriada. As crianças mais velhas fizeram com facilidade.

O segundo experimento foi realizado por Abramyan, novamente com crianças da mesma faixa etária. Ele argumentava que a dificuldade encontrada pelas crianças mais jovens na pesquisa de Martsionovskaya foi a incapacidade delas de codificar as instruções em linguagem interna, permitindo-lhes regular o próprio comportamento. Elas internalizavam a linguagem como nada mais do que declarações concretas. Se as instruções pudessem ser convertidas em tal forma declarativa, então elas poderiam ter sucesso na tarefa. Desta forma, ele repetiu a pesquisa

---

3 Para detalhes, ver A. R. Luria, *The Role of Speech in the Regulation of Normal and Abnormal Behavior* (New York: Liveright, 1961).

com somente uma variação, substituiu os círculos por silhuetas de aeroplanos. Agora, quando as crianças tinham que passar da figura para o fundo, elas eram capazes de dizer: "aeroplanos podem voar em dias nublados – fundo cinza". Aperte com uma mão quando o avião pode voar e com a outra quando ele não pode. Com esta pequena alteração, as crianças de três anos mostraram um desempenho tão bom quanto as crianças de oito anos. A linguagem, em resumo, fornece uma técnica interna para programar nossas discriminações de comportamento e formas de percepção.

Se existe uma linguagem interna apropriada, a tarefa pode ser realizada. Este experimento é simples, talvez até muito simples. Levanta, no entanto, a questão profunda sobre a relação entre ser capaz de fazer ou pensar algo, por um lado, e ser capaz de dizer isso para si mesmo por outro. É certo que há uma relação íntima, embora seja igualmente correto que apenas começamos a compreender a natureza desta relação. O provérbio chinês pode, algumas vezes, ser revertido; e há ocasiões em que uma simples palavra vale por mil imagens – a palavra implosão foi classificada como altamente secreta pelo projeto Manhattan durante a guerra. Mas as palavras têm limites.

Quando seguimos o senhor Macleish na afirmativa de que o poema é mudo, o que queríamos dizer, suspeito, é que palavras não preenchem à exaustão o conhecimento e a sensibilidade contida em nossos atos e imagens. Não estou afirmando que a palavra é o ponto alto de toda disciplina e cultivo intelectual. Ao invés disso, sugiro que a linguagem no conhecimento seja o meio mais potente que temos para realizar transformações no mundo e transmutar sua forma por meio da recombinação no interesse da possibilidade.

Comentei anteriormente que deveria haver um aniversário especial para celebrar a entrada da criança para a humanidade, datada do momento em que ela utiliza a gramática combinatória pela primeira vez. Cada uma destas funções da linguagem tem sua mágica combinatória, sua produtividade mais elevada. É com o cultivo desses poderes combinatórios que me preocupo.

Agora, retornemos à instrução de uma língua nativa e ao grau em que ela também pode servir como instrução no uso dos implementos do pensamento. Deixe-me exagerar.

Se não há uma preocupação desenvolvida das diferentes funções a que a linguagem serve, a aflição resultante não será apenas de um falar e escrever falho, mas de uma mente inepta. Como as crianças, nos dois experimentos, a pessoa aflita é restrita em seu esforço de enfrentar os eventos naquilo que sua linguagem limitada lhe dá como equipamento apropriado. E, um dia, ela será forçada a lutar contra o incêndio em uma floresta com uma pistola de água.

Mas, como se alcançam a consciência, o domínio e a *finesse* nas várias funções a que a língua é devotada? Como alguém se torna magistralmente adepto das regras para realizar expressões apropriadas para o consumo de outras pessoas ou para seu próprio consumo por meio de exercícios? Muitos de nós se regozijaram nos finais de semana, ao longo dos anos em competições do New Statesman. "Escreva a declaração da independência no estilo do Velho Testamento", ou "Faça um texto em prosa reproduzindo a 'carga da brigada ligeira', no estilo de Henry James". Há um prazer incomparável no texto de Christmas Garland de Max Beerbohm ou nos exercícios de estilo de Raymond Queneau. Para escrever com estilos diferentes e em vozes diferentes – um conto na forma de súplica sobre a evolução, um relato das leis dos momentos de Newton, ou seja o que for – seguramente esse é o caminho correto.

Confesso ter alcançado um pequeno sucesso ao ensinar a língua inglesa. A aluna foi uma de minhas filhas. Vários anos atrás ela requereu uma vaga em uma faculdade que pedia aos interessados que escrevessem um resumo autobiográfico. Ela escreveu e trouxe para que eu comentasse. Em grande parte o documento a descrevia – estava impregnado do entusiasmo dela – e, ainda assim, o que estava escrito era quase uma caricatura de uma garota exuberante.

É difícil ser gracioso quando se comenta sobre a forma de escrever de outras pessoas, mais ainda quando há laços estreitos entre o crítico e o criticado. Você não pode dizer a uma garota de dezessete anos, por mais positiva que sua voz soe, "meu bem, isso aqui é sentimental demais". O diagnóstico de sentimentalismo não leva a uma prescrição que o remedie. Eu falhei utilizando a fórmula alegre. Será que ela poderia escrever novamente sem utilizar adjetivos, nenhum mesmo? Duas horas depois ela retornou com a notícia que sua primeira tentativa foi efusiva demais, que eu deveria ter dito a ela e que apesar da minha falha em ser sincero, a prova do texto foi salva do seu estado original. Eu suspeito que algo mais do que apenas uma mudança no texto aconteceu.

Esse é o caso em que as habilidades de falar e escutar precedem àquelas de ler e escrever. Por que, para as crianças, é tão difícil escrever? Há freqüentemente um lapso de seis a oito anos entre a "idade lingüística" para falar e escrever. O brilhante psicólogo russo Vigotsky sugeriu que escrever e ler eram abstrações de segunda ordem.

O discurso escrito é uma tarefa bem diferente do discurso oral. No discurso falado, é mais provável não haver somente um referente presente, mas também uma alta quantidade de controle proveniente das demandas sociais do diálogo.

O discurso escrito pode ter a mesma relação com o discurso falado que a álgebra tem com a aritmética. Uma palavra escrita tem o mesmo significado de uma palavra falada em qualquer contexto. Uma palavra falada significa uma coisa, um estado ou um pensamento – não uma outra palavra em um meio diferente. Na linguagem escrita, portanto, não se pressupõe um interlocutor, e não há nenhum. Expressões faladas são normalmente determinadas, em grande parte, pelas demandas do diálogo, com o interlocutor nos auxiliando na estrutura de nossas decisões sobre o que deve ser dito. Onde quer que seja utilizado o discurso escrito, é necessário destacar-se totalmente da interação social imediata que evoca em sua mente a situação apropriada para as palavras escritas com as quais se está lidando.

Deixe-me sugerir, então, que pela virtude de sua profunda separação do diálogo imediato, o ato de escrever cria uma nova consciência sobre a natureza e o poder da linguagem. Mas, se assim for, por que o homem, ao longo de sua existência como *homo scribens*, continua a escrever sem o desenvolvimento do seu senso de arte e com pouco desenvolvimento no uso da sua mente? Pode muito bem ser que, para se tornar consciente do que alguém tenha escrito, seja preciso que se escute, ouça e compare a versão falada com a versão escrita.

Talvez a parafernália do "laboratório de linguagem" deva ser utilizada, nem que seja somente para que os estudantes leiam suas composições, gravem-nas e escutem em alto volume aquilo que leram. Sem dúvida, é necessário haver um tutor, para corrigir e encorajar. Porém, eu dificilmente saberia o que ele deve dizer. Penso, entretanto, que o tutor deve ter um outro papel – não ao lado do estudante, mas falando sobre o que foi gravado. Deixe-o levar as composições dos estudantes e reescrevê-las em vários estilos, cada um deles acentuando diferentes funções da linguagem, com diferentes técnicas para dizer ou organizar o que o estudante disse. Então, é preciso deixar o estudante escrever um pouco mais e ouvir, ouvir e ouvir.

Foi Dante, eu acredito, quem comentou que um trabalhador pobre odeia as suas ferramentas. Acredito que seja mais do que um pequeno problema que tantos dos nossos estudantes não gostem de duas de nossas maiores ferramentas do pensar – a matemática e o desenvolvimento cônscio de sua língua nativa na forma escrita, ambas ferramentas para ordenar pensamentos sobre coisas e sobre pensamentos.

Espero que em uma nova era consigamos tornar estas ferramentas algo mais bem quisto e talvez o melhor meio de fazer isso seja torná-las mais poderosas nas mãos dos seus usuários.

Capítulo 6

A Vontade de Aprender

A qualidade mais característica a respeito do ser humano é sua capacidade de aprender. Aprender é algo tão profundamente inerente ao homem que é quase involuntário, e tem sido até especulado por zelosos estudantes do comportamento humano que nossa especialização enquanto espécie é a de aprender. Já que, por comparação com organismos inferiores do reino animal, somos fortemente equipados com mecanismos reflexivos preparados para tal. Como William James afirmou décadas atrás, mesmo nossos comportamentos instintivos ocorrem uma única vez, sendo depois disso modificados pela experiência.

Com uma perspectiva de 3/4 de século em relação às descobertas de Pávlov, sabemos que o homem não é somente condicionado pelo seu meio ambiente, mas que ele pode ser condicionado até contra a sua vontade. Por que, então, invocar a idéia de uma "vontade para aprender"?

A resposta deriva da idéia da educação, uma invenção humana que leva o aprendiz além do "mero" aprendizado. Outras espécies iniciam o seu aprendizado novamente a cada geração, mas o homem nasceu em uma cultura que tem como uma de suas principais funções a conservação e a transmissão do aprendizado anterior. Dadas as características físicas do homem, de fato, não seria apenas inútil, mas provavelmente fatal para ele ter que reinventar mesmo um limitado espectro de técnicas e conhecimentos exigidos pela espécie para sobreviver em zonas climáticas temperadas. Isso significa que o homem não depende de um processo casual de aprendizagem; ele tem que ser "educado".

O jovem humano tem que regular seu aprendizado e sua atenção pela referência a exigências externas. Ele necessita evitar o que está vivamente debaixo do seu nariz pelo que é obscuro num futuro que, freqüentemente, é incompreensível para ele. Ele necessita fazer isso de maneira estranha, onde palavras, diagramas e outras abstrações se tornam repentinamente importantes.

A escola demanda uma regularidade e uma nitidez além do que a criança já conhece. Ela requer um controle e uma imobilidade que nunca foi pedida à criança, sendo freqüente a escola colocá-la em uma posição onde ela não sabe se sabe ou não e não tem indicação imediata de ninguém para saber se está no caminho correto. O mais importante, talvez, seja que a escola está longe de casa, com todas as implicações em ansiedade, desafio ou alívio. Em conseqüência deste problema, "a vontade de aprender" se torna importante, de fato, de forma exagerada.

Não vamos nos iludir. Esse é um problema que não pode ser evitado, embora possa ser gerenciado, acredito. Devemos explorar quais tipos de fatores levam à satisfação no aprendizado "educado" para suprir na prática do aprendizado, na medida em que ela ocorre na atmosfera da escola. Quase todas as crianças têm o que se pode chamar de motivos "intrínsecos" para aprender.

Um motivo intrínseco é aquele que não depende da recompensa externa à atividade, que impele. A recompensa pertence ao término bem-sucedido da atividade ou mesmo à realização da atividade em si. A curiosidade é quase um protótipo do motivo intrínseco. Nossa atenção é atraída para algo que não é muito claro, indefinido ou incerto. Nós mantemos nossa atenção até que a questão com a qual trabalhamos se torne clara, solucionada ou certa. O alcance da compreensão ou meramente a busca por ela é o que satisfaz. Poderíamos pensar que é um absurdo que alguém pense em nos recompensar com elogios ou alguma vantagem porque satisfizemos a nossa curiosidade. No entanto, por mais agradável que a recompensa externa possa ser, e por mais que possamos vir a depender disso, adicionar-lhe-emos algo.

O que ativa e satisfaz a curiosidade é algo inerente ao ciclo de atividade pelo qual expressamos a mesma. Com certeza, tal atividade é biologicamente relevante, porque a curiosidade é essencial para a sobrevivência não somente do indivíduo, mas das espécies. Há uma quantidade considerável de pesquisas que indicam a extensão na qual primatas não-humanos avançam em seu esforço por uma chance de encontrar algo novo para exercitar a curiosidade. Isso, porém, é uma prova de que a curiosidade irrestrita é um pouco mais do que a distração não limitada. Estar interessado em tudo o que ocorre a sua volta é não estar interessado em nada por muito tempo. Estudos comportamentais de crianças com três anos de idade, por exemplo, indicam o grau no qual elas são dominadas pelo exterior por meio de uma parada vivida de impressões que atravessam os caminhos delas. Elas mostram interesse numa cor brilhante, num som agudo, numa nova superfície reluzente. Muitos propósitos estão além do alcance delas por elas não poderem sustentar um curso estável quando os ventos mudam. Por que não? Porque elas são muito curiosas. Elas vivem o que os psicólogos chamam de leis primárias da atenção: a atenção dominada pela vivacidade e a modificação no meio ambiente.

Há muita especulação sobre a função deste ritmo precoce e exaustivo da curiosidade. O neuropsicólogo Donald Helb sugeriu que a criança absorve o mundo para melhor construir seus modelos neurais de ambiente. É correto afirmar, portanto, que um organismo falho é produzido por uma infância limitada da dieta rica de impressões, na qual a curiosidade dele é normalmente satisfeita com a tal extravagância. Animais criados em ambientes homogêneos mostram um déficit profundo na posterior capacidade de aprender e transferir aquilo que foi aprendido. Crianças que são mantidas no sótão por pais com pouca instrução ou psicóticos mostram o mesmo nível preocupante de retardo. Ainda assim, mesmo as crianças que sofreram com o ambiente asséptico e pobre dos lares que se mostraram retrógrados freqüentemente têm um declínio na inteligência que pode ser compensado somente por vigorosas medidas de enriquecimento.

Portanto, uma importante função anterior é apropriada à capacidade da criança sedenta por novas impressões. Ela está classificando o mundo, arquivando coisas que tenham alguma regularidade recorrente e requeiram "reconhecimento" discriminatório delas a partir do desfile de impressões aleatórias.[1]

Se a atenção tem que ser sustentada, dirigida a alguma tarefa e mantida a despeito das tentações que a acompanham, então, é óbvio que as restrições precisam ser estabelecidas. A disposição voluntária da curiosidade, tão vagarosa e dolorosamente dominada, parece ser suportada, em parte, pela recém-descoberta capacidade da criança de se

---

[1] Para maiores detalhes sobre as funções da curiosidade, veja J. S. Bruner, " The cognitive Consequences of early Sernsory Deprivation," *Psychosomatic Medicine, 21. 2:89*–95 (1959).

"auto-instruir", literalmente conversando consigo mesmo por meio de uma seqüência sustentada. Em parte, a força reguladora parece ser o *momentum* do ato aberto concreto, que tem um meio de manter a atenção necessária para completar a ação através do bloqueio de impressões irrelevantes. No período adequado e com o desenvolvimento de atividades habituais e da linguagem, emerge uma atenção mais autodirecionada, algumas vezes denominada como atenção primária derivada.

A criança mantém a atenção nem tanto pela vivacidade, mas pela quantidade de atividades habituais que demandam seus cuidados. Tão pouco é conhecido sobre como auxiliar a criança a dominar a sua própria atenção, mantê-la conectada em seqüência por um período longo. Mas enquanto crianças mais novas são notórias por não fixar a atenção, elas podem ser mantidas em um estado de arrebatamento e prolongada atenção quando lhe são contadas histórias irresistíveis.

Há algo a ser aprendido nesta observação. O que faz a seqüência interna destas histórias mais cativante do que as distrações que estão fora delas? Há propriedades inerentes comparáveis em outras atividades? Elas podem ser utilizadas para treinar a criança a manter a sua curiosidade além do momento de animação?

Observe uma criança ou um grupo de crianças montando uma pilha de blocos o mais alto possível para elas. A atenção delas será mantida até o ponto em que ela alcança o clímax, isto é, quando os blocos se desequilibram e caem no chão. Elas voltarão a construir e criarão uma pilha ainda maior. O drama da tarefa é somente a sua menor virtude.

Mais importante é a energizante sedução da incerteza, tornada pessoal por meio do esforço próprio de alguém para controlá-la, o que é quase a antítese da atração passiva do brilho e da vivacidade. Para canalizar a curiosidade em buscas intelectuais, é necessário que haja precisamente esta transição das formas passiva, receptiva e episódica da curiosidade para a forma ativa prolongada.

Há jogos não somente com objetos, mas com idéias e questões – como o jogo das perguntas e respostas – que fornecem a disciplina para canalizada curiosidade. Na medida em que se pode contar com este importante motivo humano – e este parece ser o mais confiável dos motivos – parece óbvio que nossa educação artificial pode, de fato, ser feita de um ponto de vista motivacional, relacionando isso, inicialmente, a formas mais superficiais de curiosidade e atenção e, então, cultivando a curiosidade para uma expressão mais sutil e ativa.

Penso ser justo dizer que a maior parte do sucesso na estruturação do currículo contemporâneo foi alcançado por meio desta rota. Quando o sucesso ocorre, ele vem na forma de reconhecimento que, além das poucas coisas que sabemos, está no domínio da inferência: a soma do dois mais dois que nos faz alcançar excelentes resultados. Isso levanta a questão da competência, que é o que veremos a seguir.

A curiosidade é somente um dos motivos intrínsecos para o aprendizado. O impulso para atingir a competência é outro. O professor Robert White explicou bem esta questão:

> De acordo com o dicionário Webster, competência significa condição ou capacidade e os sinônimos sugeridos incluem eficiência, proficiência e habilidade. Ela é, portanto, uma palavra adequada para descrever ações como compreender e explorar, rastejar e andar, atentar e perceber. Todas elas promovem uma efetiva – uma competente – interação com o meio ambiente. É verdade, claro, que a maturação tem um papel importante em todos estes desenvolvimentos, mas esta parte é altamente obscurecida pelo aprendizado em toda a sua complexa execução como a fala ou a manipulação habilidosa.
>
> Devo argumentar que é preciso fazer da competência um conceito motivacional: há uma motivação competente tanto quanto uma competência no seu sentido mais familiar de capacidade atingida. O comportamento que leva à construção de um efetivo apanhar, manipular e soltar de objetos, para citar um exemplo, não é um comportamento aleatório produzido por um fluxo maior de energia; ele é dirigido, seletivo e persistente, continuando não porque serve a impulsos primários, e de fato não pode servir até que seja quase perfeito, mas porque ele satisfaz uma necessidade intrínseca de lidar com o meio ambiente.[2]

---

[2] R. W. White, "Motivation Reconsidered: The Concept of Competence," *Psychological Review*, 66:297-333 (1959)

Observações de crianças mais novas e dos animais jovens sugerem que lidar bem com o brincar deve ser entendido como uma prática para enfrentar o ambiente. Primatólogos descrevem, por exemplo, como as jovens fêmeas dos babuínos embalam os bebês em seus braços antes mesmo de terem os seus herdeiros.

De fato, o jogo da fêmea do babuíno pode ser quase que inteiramente como a prática das habilidades interpessoais. Diferente das crianças humanas, os babuínos bebês nunca brincam com os objetos. Os antropólogos acreditam que isso está conectado com a inabilidade desta espécie em utilizar ferramentas quando crescem. Há evidências de que o domínio precoce da linguagem também depende de tal preparação precoce. Um lingüista recentemente mostrou como uma criança de dois anos explora o uso dos limites da linguagem mesmo após as luzes se apagarem, os pais se retirarem, a comunicação cessar e o sono ser iminente.[3]

O jogo metalingüístico das crianças dificilmente pode ser interpretado por outra coisa que não o prazer de desenvolver uma nova habilidade. Embora a competência não seja "naturalmente" direcionada ao aprendizado escolar, certamente é possível que o grande acesso de energia que as crianças experimentam quando se deparam "com um assunto do qual elas gostam" seja formado pela mesma substância.

Somos interessados por aquilo que realizamos bem. De forma geral, é difícil sustentar o interesse em uma atividade, a menos que se alcance certo grau de competência. Atividades esportivas são aquelas nas quais, por excelência, os jovens não precisam de incentivo para ter prazer em elevar sua habilidade, a não ser quando padrões adultos são prematuramente impostos nas pequenas ligas formadas para imitar as adultas. Um costume introduzido há alguns anos na Gordonstown School, na Escócia, tornou-se legendário. Além dos eventos competitivos de atletismo da escola, havia uma nova competição na qual os garotos competiam contra o seu próprio recorde pessoal nos eventos. Várias escolas americanas utilizaram esta idéia e, embora não houvesse uma avaliação apropriada, o relato é que o sistema criou grande entusiasmo e um esforço tremendo por parte dos garotos.

É necessária uma tarefa com início e fim para que o senso de realização seja alcançado. Talvez um experimento possa servir como

---

3 Ruth H. weir, *Language in the crib* (The Hague: Mouton, 1962).

exemplo. Há um fenômeno bem conhecido pelos psicólogos sob o nome de Efeito de Zeigarnik. Em resumo, tarefas que foram interrompidas têm probabilidade maior de serem continuadas e completadas, e provavelmente serão mais lembradas do que tarefas comparáveis que foram realizadas sem interrupção. Isso expõe o assunto de forma superficial, pois não considera um fator crucial. O efeito só se mantém quando as tarefas que o indivíduo planejou são aquelas que tem uma estrutura – um início, um plano e um término. Se as tarefas são "tolas", no sentido de não possuírem significação, serem arbitrárias e desprovidas de meios visíveis para checar-se o progresso, então o ímpeto para completá-las não é estimulado pela interrupção.

É provável que o desejo de atingir a competência siga a mesma regra. A menos que exista um propósito de unidade no que estamos fazendo e alguma forma de contar como estamos fazendo, é improvável que consigamos nos sobrepujar. Ainda que, certamente, essa seja só uma pequena parte da história, porque nem todas as pessoas desejam ser competentes nas mesmas atividades, e algumas competências podem mesmo ser fonte de embaraço para as pessoas que as possuem. Garotos não vibrarão porque foram capazes de cerzir com uma costura perfeita (novamente, em nossa cultura), nem garotas de se tornarem hábeis lutadoras de rua. Há competências apropriadas e cativantes para determinadas e diferentes idades, os dois sexos e diferentes classes sociais. Mas há algo sobre a competência que transcende estas particularidades. Uma é que a atividade (dado que ela seja aprovada) deve possuir estrutura significativa, se ela requer uma habilidade que está ligeiramente acima do que o indivíduo possui no momento e que deve ser aprendida por meio do exercício e do esforço. Provavelmente é a combinação dos dois que se apresenta.

Professores experientes que trabalham com ciências ou matemática relatam que estão surpresos com a impaciência dos estudantes em passar adiante, para as próximas etapas do curso. Vários professores sugerem que esta avidez provém da elevada confiança dos estudantes na sua capacidade de entender o material. Alguns estudantes têm aí a primeira experiência em aprender um tópico com alguma profundidade, indo a algum ponto no tema estudado. É isso que está no cerne dos motivos da competência e, seguramente, nossas escolas não começaram a penetrar neste enorme reservatório de prazer.

Enquanto não sabemos os limites nos quais o impulso para a competência pode ser moldado e canalizado por meio da resistência externa, parece provável que esses limites sejam fortemente abertos à influência externa. Canalização à parte, como pode a educação manter vivo e direcionar o ímpeto para a competência – não importando se expressa por atividades como fazendeiro, jogador de futebol ou matemático? O que sustenta o sentido de prazer em dominar determinadas coisas, simplesmente por dominá-las – ao que Thorstein Veblen se referiu como instinto para o trabalho? Os motivos para a competência se fortalecem principalmente por meio de exercícios, em qualquer contexto que eles possam ser exercitados, ou será que eles dependem de uma ligação com o desejo por *status*, riqueza, segurança ou fama?

Há, para começar, uma grande diferença entre as culturas e os estratos sociais em uma determinada sociedade, com respeito ao encorajamento dado à perseguição da competência. David McClelland, por exemplo, escrevendo sobre "a sociedade promissora" comenta o fato de que, em determinadas épocas e lugares, encontra-se um florescimento da motivação fortemente sustentado pela sociedade, suas instituições e seus mitos.[4] A ênfase na responsabilidade e iniciativa individuais, na independência da decisão e ação, na preferência pelo eu, tudo isso serve para perpetuar os motivos mais básicos para a competência após a infância.

As culturas variam na evolução do domínio intelectual como veículo para expressão da competência. Freed Bales, por exemplo, comparou grupos de imigrantes irlandeses e judeus em Boston e observou que os judeus, muito mais do que os irlandeses, tratavam o sucessos acadêmicos e a intelectualidade como virtudes por si e como meios de mobilidade social.[5] As razões podem ser encontradas na História. Herzog e Zborowski, em seu livro sobre as comunidades judaicas do leste europeu, sugerem que as barreiras erigidas contra a participação dos judeus em outras profissões pode ter auxiliado e nutrido o cultivo da excelência intelectual como expressão premiada da competência.[6]

---

4 David C. McClelland, *The Achieving Society* (Princeton, N.J.: Van Norstrand, 1961)
5 R. Freed Bales, " The 'Fixation Factor' in *Alcohol Addiction*: A Hypothesis Derived from a Comparative Study of Irish and Jewish Social Norms," Dissertação de Doutorado não-publicada, Harvard University, 1994.
6 Mark Zborowski e Elizabeth Herzog, *Life is with people:* the Jewish Little Town of Eastern

A cultura, por si só, não gerencia estas questões conscientemente pela aplicação de recompensas e reprovações. O filho de um rabino em um *Stelt*, na Europa Oriental, não é punido se desejar tornar-se um comerciante, e não um estudioso do Talmud e, além disso, se escolher a última opção, tipicamente passará por um treinamento longo, extrinsecamente não compensador e árduo. Forças mais sutis operam; todas elas são familiares, mas freqüentemente ignoradas na discussão da educação. Uma delas é a aprovação.

O profissional executivo é mais respeitado do que o trabalhador braçal (operário). Isso, porém, não exaure o assunto. Respeitado por quem? Sociólogos contemporâneos falam da aprovação do "grupo de referência" – aqueles a quem a ação se dirige, para definição do possível, para a derradeira aprovação. Mas o que leva este indivíduo a procurar a aprovação daquele grupo de referência?

O que parece ser operativo é o processo que polidamente denominamos identificação. O fato é que a identificação é mais facilmente descrita do que explicada. Isso se refere à forte tendência humana de modelar o seu "eu" e suas aspirações na figura de outra pessoa. Quando sentimos que fomos bem-sucedidos em ser "semelhante" a uma figura de identificação, sentimos satisfação e prazer de termos conseguido; e sofremos quando não correspondemos "a esta figura". Da mesma forma, a figura de identificação também é "um certo tipo de pessoa" – que pertence a um grupo ou uma categoria. Com efeito, a identificação relaciona o indivíduo não só aos outros, mas também a uma sociedade.

Enquanto esta avaliação é extremamente simplificada, ela serve para acentuar uma característica importante da identificação como processo – ela tem natureza auto-sustentável. Na medida em que carregamos nossos padrões conosco, alcançamos uma certa independência das recompensas e punições que partem dos outros.

Já foi observado pelos psicólogos que as figuras de identificação são freqüentemente aquelas pessoas que controlam os escassos recursos psicológicos que a maioria dos indivíduos deseja possuir – amor, aprovação, sustentabilidade. Vamos deixar esta questão por um momento para retornarmos a ela posteriormente.

O termo identificação é geralmente reservado para aqueles com fortes laços, onde há uma quantidade considerável de investimento

---

Europe (New York: International Universities Press, 1952).

emocional. No entanto, há formas mais brandas de identificação, que também são importantes durante os anos da infância e após esse período.

Talvez devêssemos chamar aqueles que servem a estas relações brandas como "modelos de competência". Eles estão no "papel" de heróis, os indivíduos confiáveis com quem interagimos de alguma forma. Além disso, eles controlam um recurso raro, a competência desejada, mas o importante é que o recurso é atingível por meio da interação.

O modelo "no papel de" não pode ser melhor ilustrado do que pela forma com que a criança aprende a falar com os pais.

O processo de tentativa-correção-revisão continua até que a criança aprenda as regras por onde as sentenças são geradas e transformadas apropriadamente. Finalmente, ela desenvolve um conjunto de hábitos produtivos que a habilitam a ser dona das suas sentenças e sua própria corretora; ela "aprende as regras da linguagem". Os pais são modelos que, por meio da interação, ensinam a habilidade da linguagem.

No processo de ensinar uma habilidade, os pais transmitem muito mais. O professor comunica atitudes sobre um assunto e, além disso, atitudes sobre o aprender. O que resulta pode ser bem inadvertido. Com freqüência, em nossas escolas por exemplo, esta primeira lição é que aprender tem relação com recordar coisas quando perguntado, com a manutenção de um determinado e indefinido asseio no que se faz, com seguir uma série de pensamentos que vem do exterior ao invés do interior e com respostas corretas. Antropólogos observadores têm sugerido que os valores básicos das primeiras séries são uma versão estilizada do papel feminino na sociedade: prudente ao invés de ousado, governado por uma cortesia feminina.

Um estudo recente de Pauline Sears sublinha esse ponto.[7] Ele sugere que garotas das séries iniciais, que aprenderam a controlar a sua impaciência mais cedo e melhor do que os garotos, são recompensadas por primar por seus valores "femininos". A recompensa pode ser quase tão bem-sucedida que anos mais tarde é difícil levar as garotas além das virtudes que elas aprenderam em seus primeiros anos escolares.

---

7 Pauline Sears, " Attitudinal and Affective Factors Affecting Children´s Approaches to Problem Solving". In: J. S. Bruner ed., *Learning about Learning* (Washington, D.C.: US. Office of Education, no prelo).

Os garotos, mais agitados nos primeiros anos, não tem tal recompensa e, como conseqüência, estão mais livres da abordagem do aprender nas séries posteriores. Além disso, seria preciso reconhecer as outras condições presentes nas vidas destas crianças para desenhar uma conclusão firme a partir destes resultados. Mas isso não é sugestivo. Há, certamente, várias formas de expandir o leque de modelos de competência disponíveis para crianças. Um deles é a utilização de professores desafiadores, particularmente nas séries iniciais. Há filmes ou circuitos fechados de televisão abrindo enormemente a variação de professores a que os estudantes estariam expostos. Ensinar por meio de filmes tem, seguramente, limites delimitados, porque o estudante não pode interagir com a imagem. Um tipo de pseudo-interação, no entanto, pode ser obtido pela inclusão na lição exposta pela televisão de um grupo de estudantes ensinados ali na tela, grupo que o estudante pode tomar como possuidor da causa comum. Uma equipe de professores produz outra abordagem para a exemplificação da extensão das competências, particularmente se um deles é encarregado especialmente com o papel de crítico. Nada do que foi dito anteriormente foi tentado na prática, mas em pedagogia, como na economia e engenharia, freqüentemente é necessário comprovar técnicas para saber não somente como elas funcionam, mas também como podem ser realizadas no trabalho.

Gostaria de sugerir que o professor tem que ser, para se tornar um modelo de competência efetivo, um modelo de trabalho no dia-a-dia com quem se pode interagir. Não que o professor seja um modelo a ser imitado; pelo contrário, isso é o que o professor pode se tornar, parte do diálogo interno dos estudantes, alguém cujo respeito ele deseja e cujos padrões ele gostaria de imitar. É como se tornar um orador de uma linguagem que se divide com alguém. A linguagem desta interação se torna parte do eu e os padrões de estudo e claridade que se adotam para a interação se tornam parte dos padrões próprios de alguém.

Finalmente, uma palavra sobre o último motivo intrínseco que afeta de perto a vontade de aprender. Talvez isso deva ser denominado de reciprocidade, já que envolve uma profunda necessidade humana de responder a outros e operar em conjunto com eles em direção a um objetivo.

Um dos *insights* mais importantes é a importância da reciprocidade intraespécies para a sobrevivência dos membros da espécie. O psicólogo

Roger Barker[8] comentou que a melhor forma que ele encontrou para predizer o comportamento das crianças que estava estudando, com grandes detalhes, era conhecer as situações pelas quais elas passavam em suas atividades diárias. A criança no basquetebol se comporta como jogadora, a criança na farmácia se comporta como cliente. As situações têm um valor de demanda que parece ter pouca relação com os motivos operativos. Certamente, não é simples ter "um motivo para se enquadrar"; é uma abstração muito grande. Um homem no compartimento traseiro de uma ambulância, tendo sua pressão arterial auferida e auxiliado por três ou quatro outros que tentam reanimá-lo, não está apto a "enquadrar seu esforço em uma ação conjunta". Esse é, como sabemos um aspecto primitivo do comportamento humano.

Como as outras dificuldades que temos discutido, o exercício delas parece ser a única recompensa. Provavelmente, essa é a base da sociedade humana, esta resposta através da reciprocidade aos outros membros da mesma espécie. Onde a ação conjunta e a reciprocidade são necessárias para que o grupo alcance um objetivo, então, parece que há processos que levam o indivíduo à aprendizagem, impulsionando-o em uma competência que seja necessária às atividades do grupo. Temos pouco conhecimento sobre o motivo primitivo da reciprocidade, mas sabemos que isso pode gerar uma força propulsora para a aprendizagem. Seres humanos, e outras espécies também, caem em um padrão necessário para os objetivos e atividades do grupo social no qual eles se encontram.

"Imitação" não é a palavra correta para isto, desde que não se tenha como certo, na maior parte dos casos, o que seria imitado. Uma forma mais interessante de olhar o que está envolvido é dada pelo fenômeno gerado por uma criança aprendendo a usar os pronomes "eu" e "você" corretamente.

Os pais dizem ao filho: "Você vai para a cama agora". O filho diz: "não, você não vai para cama". Nós nos divertimos. "Não *eu*, mas *você*", dizemos. Com o tempo e após um breve período de confusão, a criança aprende que "você" se refere a ela mesma quando outras pessoas usam o pronome – e o reverso ocorre com "eu". É um grande exemplo de aprendizado por reciprocidade, sendo, em grande parte, o mesmo processo por meio do qual as crianças aprendem os maravilhosamente

---

8 Roger Barker, " On the Nature of Environment," *Journal of Social Issues*, 19.4:17-38 (1963).

complicados jogos que elas praticam (jogos adultos e de crianças), que eles aprendem seu papel na família e na escola e finalmente que venham a ter seu papel na sociedade.

O corpo de aprendizado, usando a palavra como sinônimo de conhecimento, é recíproco. A cultura na sua natureza é um conjunto de valores, habilidades e formas de vida que nenhum membro da sociedade domina. Conhecimento, neste sentido, é como uma corda: cada fibra dela se estende não mais do que alguns centímetros em relação ao seu comprimento; tudo está entrelaçado para dar solidez ao conjunto.

A condução do nosso sistema educacional tem sido curiosamente cega a esta natureza interdependente do conhecimento. Temos "professores" e "alunos", "especialistas" e "leigos", e a comunidade do aprendizado é, de alguma forma, negligenciada.

O que deve ser encorajado – e que no momento é desenvolvido nas melhores escolas – é algo aproximado ao dar e receber de um seminário no qual a discussão seja o veículo da instrução. Isso é reciprocidade. Não requer, porém, o reconhecimento de um assunto criticamente importante: você não pode ter reciprocidade e a demanda de que todos aprenderam a mesma coisa ou que estão "completamente" supridos, da mesma forma, todo o tempo. Se grupos operativos dão suporte recíproco ao aprendizado pela estimulação de cada pessoa para unir seus esforços para o grupo, então nós necessitamos de tolerância para os papéis especializados que desenvolvem o crítico, o inovador, o auxiliar, o reacionário, pois é a partir do cultivo do entrelaçamento dos papéis que os participantes têm um senso de operação recíproca no grupo. O estudante para este termo, neste seminário, não tem necessariamente uma tarefa especializada a realizar. Isso irá se modificar e, enquanto isso não ocorre, se o estudante pode ver como contribui para a efetividade das operações do grupo sobre história ou geometria, e, porque não, ele provavelmente será mais ativo.

E, seguramente, um dos papéis que emergirá será o de professor auxiliar – deixe-o, encoraje-o. Isto pode auxiliar a aliviar o tédio da sala de aula com um especialista aqui e o resto lá.

Sob o risco de ser repetitivo, deixe-me reafirmar o seguinte argumento: a vontade de aprender é um motivo intrínseco, um que encontre tanto sua fonte quanto sua recompensa no próprio exercício. A vontade de aprender torna um "problema" somente sob circunstâncias especiais, como aquelas da escola, onde o currículo é fixado, os estudantes confinados e a seqüência imutável é rígida.

O problema não está no aprendizado em si, mas no fato de que o que a escola impõe, freqüentemente, falha na atração natural da energia que mantém o aprendizado espontâneo – a curiosidade, o desejo por competência, a aspiração de emular um modelo, um sentido profundo de compromisso com a rede social de reciprocidade.

Nossa preocupação tem sido como estas energias poderiam ser cultivadas no auxílio ao aprendizado escolar. Se não sabemos em profundidade, pelo menos não estamos sem hipóteses razoáveis de como proceder. A prática da educação, pelo menos, produz hipóteses interessantes. Afinal, a era das descobertas foi possível graças a homens cujas hipóteses foram constituídas antes que eles tivessem desenvolvido uma técnica decente para avaliar a longitude.

Você terá notado uma considerável diminuição da ênfase das recompensas "extrínsecas" e das punições como fatores na aprendizagem escolar. Há, nestas páginas, uma negligência intencional à denominada lei do efeito, que sustenta que a reação tem maior probabilidade de ser repetida se ela tiver sido previamente seguida por "um estado de satisfação em relação à questão". Não sou descuidado com a noção de reforço; é duvidoso somente que este estado de satisfação em relação à questão seja confiável para ser encontrado fora do aprendizado em si – em palavras gentis ou ásperas do professor, em séries ou estrelas douradas, na confiança abstrata absurda do estudante que cursa o ensino médio de que os ganhos de toda sua vida serão, em média, 80% maiores se ele concluir a graduação.

O reforço externo pode ser um ato particular e até mesmo levar à sua repetição, mas ele não nutre, de forma confiável, o longo caminho do aprendizado pelo qual o homem vagarosamente constrói, a seu modo, um modelo sobre como o mundo é e o que ele pode vir a ser.

Capítulo 7

Sobre Enfrentar e Defender

Nós, psicólogos, desenvolvemos uma postura curiosa. Ela pode ser melhor resumida pela nota apologética que elevamos quando falamos de normalidade. De fato meus colegas, freqüentemente, fazem aspas com as mãos no ar quando se referem aos controles "normais" ou a estados "normais". Em um congresso científico do qual participei recentemente, um membro da audiência endereçou uma pergunta ao palestrante sobre o "chamado grupo normal". Ainda assim esta cautela sobre a normalidade não é uma postura, isto é, existe, em parte, um reconhecimento provido de compaixão sobre a vulnerabilidade humana aos problemas, uma consciência de que estar são ou doente são questões de equilíbrio sutil. Um vício, porém, é moldado muitas vezes a partir de um excesso de virtude e, dessa forma, nossa atitude sobre a linha tênue da saúde e da doença pode nos levar a não perceber algumas diferenças importantes entre elas.

Gostaria de considerar uma das diferenças psicológicas entre saúde e doença – a distinção entre enfrentar e defender; devo limitar a questão concentrando-me na reflexão sobre a vida intelectual do ser humano. Enfrentar diz respeito às exigências dos problemas que encontramos enquanto ainda respeitamos nossa integridade. Defender é uma estratégia cujo objetivo é evitar ou escapar dos problemas para os quais acreditamos não haver solução que não viole nossa integridade funcional.

A integridade funcional é um nível exigido de autoconsistência e estilo, a necessidade de resolver problemas de forma consistente com os nossos valores de vida mais importantes. Dada a condição humana, nem o enfrentar nem o defender são encontrados em sua forma pura.

A imperiosidade de nossos impulsos e as demandas de mecanismos inconscientes potentes, não racionais e indóceis forçam alguma medida de defesa. Salvo no psicótico deteriorado, é raro a defesa bloquear inteiramente o indivíduo das exigências diárias. Mesmo o mais extremo dos esquizofrênicos pode, geralmente, enfrentar uma emergência – de fato, a terapia de choque pode depender da efetividade que ela tenha frente a elevação de tal enfrentamento.

Contudo, apesar de haver sempre uma mistura do enfrentar e do defender no lidar com a vida, como já sabemos, insisto para que façamos uma distinção profunda entre os dois processos. Deixe-me recontar o que me levou a esta conclusão. Ela começa com uma série de erros devido à simplificação na estrutura de um projeto de pesquisa no qual vários colegas e eu estávamos engajados. Nosso interesse era estudar a efetividade do aprendizado. Tomamos como axiomático que o objeto de qualquer parte particular do aprendizado não fosse somente dominar uma tarefa quando apresentada, mas dominá-la de forma que se poderia poupar o aprendizado subseqüente de tarefas idênticas ou similares. Pareceu-nos evidente, e ainda parece, que, a menos que o aprendizado fosse dado genericamente, o ser humano estaria constantemente bloqueado pela tentativa e erro, o que o colocaria em eterno risco, o que não parece ser como ele age. A questão que nos perguntávamos era como os homens e as mulheres se beneficiam de experiências passadas, de forma que as experiências futuras pudessem ser vividas com o mínimo de dor e esforço? Isso constitui a efetividade da aprendizagem, do qual o problema da transferência é uma parte.

A estrutura de nosso projeto era bem convencional. Estudamos um grupo de crianças normais (entre aspas, é claro) e as comparamos em relação à abordagem do aprendizado com um grupo de crianças encaminhadas a uma clínica de acompanhamento devido ao "bloqueio" de aprendizagem – crianças com inteligência normal ou superior, sem outras desordens comportamentais evidentes, que não eram capazes de aprender na escola.

Observações preliminares de tais crianças nos levaram a concluir, muito simplesmente, que o problema não é elas terem graves dificuldades em aprender, mas elas aprenderem aparentemente de forma que há pouca ou nenhuma transferência para novas situações. Em conseqüência disso, elas estavam constantemente aprendendo de novo. Esta observação é, em parte, verdadeira, mas isso é trivial. Nossa esperança era estruturar um conjunto de testes e procedimentos observacionais que pudessem indicar, quantitativamente, a forma na qual o grupo que era efetivo diferia do grupo que não era.

Felizmente, iniciamos nossa pesquisa com um estudo clínico e terapêutico de meia dúzia de crianças encaminhadas ao Centro de Aconselhamento Juiz Baker devido ao "bloqueio de aprendizagem". As crianças estavam em terapia, sendo acompanhadas por nós em seus trabalhos escolares, com o objetivo duplo de auxiliá-las e descobrir de forma mais próxima como estavam lidando com o aprendizado.

Os pais destas crianças também foram acompanhados regularmente por agentes sociais do setor psiquiátrico. Sobretudo, nós tivemos oportunidade para uma observação mais próxima. Após alguns meses, tornou-se aparente que as atividades de aprendizado de nossas crianças com distúrbios tinham certas características distintas, que possuíam pouca relação direta com a natureza da efetividade – a não ser no sentido de que os processos que observamos interferiam na efetividade. Em resumo, os seus esforços para se defenderem da atividade de aprender e das suas conseqüências tornavam extremamente difícil para eles realizar sozinhos a atividade "aprendizado escolar". O dever de casa criava certos problemas psicológicos muito mais constrangedores do que os problemas escolares, que alteravam drasticamente sua abordagem convencional. Eles não conseguiram, em resumo, enfrentar as demandas do trabalho escolar, a menos e até que fossem capazes de se defenderem do pânico do impulso e da ansiedade que as exigências do trabalho escolar havia provocado. Aqui estava uma antinomia. O problema não era a incapacidade deles em aprender, no sentido convencional da palavra – de fato havia uma boa quantidade de astúcia na defesa deles contra o aprendizado e, posteriormente, eles abordaram os problemas escolares freqüentemente com muito talento, quando o clamor da necessidade de defesa foi, pelo menos em parte, aquietado.

Então será dito: "Mas a diferença destas crianças daquelas que tiveram boas notas na escola não é como elas estão aprendendo, mas o que elas aprendem – um grupo aprende geometria e o outro, podemos dizer, aprende como lidar com a hostilidade ao professor". Mas, novamente, parece não ser o caso. A textura do aprendizado, nos dois exemplos, parece ser diferente. Considere a questão mais sistematicamente.

Relembre da nossa primeira descrição sobre processo de aprendizagem e como ele se desenvolve em crianças. No início, ela ocorre por meio da ação. Não é surpreendente que as crianças freqüentemente acreditem que pensar algo e fazer algo são, de alguma forma, equivalentes? Retornaremos a esse ponto mais tarde. Uma segunda característica da aquisição inicial do conhecimento é que as idéias não são isoladas de seu contexto motivacional ou emocional. Além disso, encontramos crianças de até onze anos que bloqueavam qualquer similaridade entre um objeto de que elas gostavam e outro que as deixava com medo – digamos, um gato e um cachorro –, embora elas fossem capazes de agrupar água e leite como coisas que se pode beber. O exemplo dado é emocionalmente simples, e devemos voltar a ele posteriormente, encontrando mais exemplos significativos.

Quando o aprendizado inicial é prejudicado devido a este conflito – como ocorre tão freqüentemente por causa da obtenção da aprovação e do amor dos pais como arma no arsenal da rivalidade contra os irmãos, tornando-o altamente carregado ou libidinizado – as ligações afetivas que relacionam conceitos e idéias freqüentemente são poderosas e relativamente intratáveis, no sentido de que eles persistem na fantasia e podem ser tomados como intrusos no pensamento infantil nas estruturas escolares posteriores.

No nível não-verbalizado, então, as crianças abordam a tarefa do aprendizado escolar, com seu alto grau de racionalismo e padrões formais, com um legado de lógica inconsciente no qual a ação, o afeto e a conceitualização são unidos. Sentimento, ação e pensamento podem ser substituídos, havendo uma equação governada pelo que, em gramática, denominamos sinédoque: sentimentos podem representar coisas, ações podem representar coisas, coisas podem representar sentimentos e partes podem representar o todo. É tão evidente quanto afortunado e desafortunado que estas estruturas cognitivas iniciais permanecem até a vida adulta – evidente no sentido de que as estruturas surgem em sonho e em associações livres e de forma disciplinada na produção dos artistas; afortunada no sentido de que sem tais estruturas não haveria poetas, pintores ou audiência para estes profissionais; desafortunados no sentido de que, quando este modo de funcionamento é compulsivamente uma característica da vida das pessoas, ele não é capaz de se ajustar às exigências de qualquer ambiente, a não ser o ambiente organizado.

Há várias outras características do aprendizado inicial que são menos distintivas, mas de forma alguma menos importante. Uma delas é a incapacidade da criança de atrasar a gratificação, uma vez que tenha completado a tarefa ou estabelecer objetivos que coloquem a gratificação em um plano futuro. Estes eventos têm conseqüências muito reais. Uma é o aprendizado em pequenos pedaços, com pouca compreensão de uma estrutura de larga escala.[1] Isso significa dizer que faltam as estruturas hierárquicas mais lógicas: gênero-espécie, causa-efeito, regra-exemplo. Mas, embora a criança possa não ligar muitos eventos juntos de forma mais lógica, ela os relata por meio de associações que elas dividem com a ação e o efeito. Estas formas iniciais e mais turbulentas de aprendizagem são extrinsecamente motivadas, sendo controladas e moldadas por meio das gratificações extrínsecas ao aprender. Muitos dos afetos e das gratificações que dão estrutura ao experimento inicial são produtos dos tabus e das proibições encontradas na socialização e, da mesma forma, das conexões ideárias aprendidas sob sua influência. Elas se tornam os "pensamentos perigosos" da infância. Tais estruturas cognitivas carregadas podem formar o cerne do que se denomina posteriormente de metáforas preemptivas da atividade cognitiva defensiva – uma questão da qual nos ocuparemos posteriormente.

O aprendizado intrínseco, que tem nele mesmo a recompensa, menos sujeito a tais vicissitudes, representa, em contraste, o que pode ser considerado de início de "esfera de conflito livre do ego", caracterizada pela curiosidade e pela busca da competência discutida no ensaio "A vontade de aprender".

Deixe-me sugerir que o aprendizado cognitivo efetivo na escola depende do processo de desnaturalização, se posso utilizar tal expressão, rebuscada e abrasiva. Isso envolve pelo menos três fatores. Inicialmente, é necessário primeiro desenvolver um sistema de organização cognitiva que destaque conceitos a partir dos modos de ação que elas evocam. Um buraco é para cavar, mas ainda é um buraco. Em segundo lugar, isso requer o desenvolvimento da capacidade de destacar conceitos de seus conceitos afetivos; um buraco não é apenas a lembrança de um orifício escondido. Finalmente, exige a capacidade de aguardar a gratificação, de forma que o resultado dos atos possa ser tratado como informação ao invés de simplesmente ações de punição e recompensa.

O processo de desnaturalização do qual falei provavelmente depende da presença de várias condições no início da infância. Deixe-

---

[1] Veja J. S. Bruner, R.R Olver, P.M. Greenfield et al., *Studies in Cognitive* Growth (New York: John Wiley & Sons, 1966).

me abreviá-las em *estimulação, jogo, identificação* e, em algum grau, *liberdade do impulso e da ansiedade*.

Com respeito à estimulação, o crucial é que a criança tenha oportunidades de crescer além da representação enativa, com sua prontidão ligada à ação e além da representação icônica, com sua forte suscetibilidade a ligações afetivas descritas no primeiro ensaio. Estimulação variada com relativa liberdade do estresse é quase o único meio que conhecemos para promover tal crescimento.

Com respeito ao jogo e ao lúdico, eles são, em primeiro lugar, uma atitude na qual a criança aprende que o resultado de várias atividades não são tão extremos como ele esperava e temia – isso envolve aprender a colocar limites nas conseqüências antecipadas da atividade.

Nos espantamos com a indiferença dos pais em relação ao encorajamento lúdico em suas crianças – as crianças cujos bloqueios de aprendizagem nós estudamos e as crianças normais. Em algumas ocasiões, entre crianças normais, contaram-nos do jogo do seio, no qual o ato de nutrir por meio do seio é transformado em um tipo de brincadeira amorosa – mamilo sim, mamilo não. E, através do crescimento, isso é apresentado pela famosa observação de Niels Bohr para um dos seus estudantes de pós-graduação, que havia reclamado da falta de seriedade e da quantidade de brincadeiras de mau gosto e piadas no laboratório liderado por Bohr: "mas há certas coisas tão importantes que apenas se pode fazer piada sobre elas". Em tempo, a atitude de brincar é convertida no que se pode denominar de atitude de jogo, na qual a criança tem o senso não somente de que as conseqüências são limitadas, mas de que a limitação vem em virtude de uma série de regras que governam procedimentos, sejam elas xadrez, aritmética ou baseball. Esse era um padrão de linha de pensamento evolucionário do século dezenove, no qual a função do brincar é permitir ao ser humano testar seu repertório de respostas em preparação para o que estava por vir, o negócio sério de sobreviver contra as pressões do seu habitat.

Pode-se igualmente dizer que, para seres humanos pelo menos, a brincadeira tem a função de reduzir as pressões do ímpeto e serve como incentivo, além de tornar possível, portanto, o início do aprendizado intrínseco, pois se há um processo de auto-recompensa ele está na esfera do "fazer coisas por merecimento", particularmente coisas que possam, de alguma outra forma, serem sérias demais, de acordo com o senso de Niels Bohr.

Como para identificação, lembre-se de que a vontade de aprender, particularmente em famílias de classe média e entre meninos, é a primeira forma de expressar identificação com o ideal da família. Uma forma na qual o aprendizado se torna altamente carregado por conflitos é através de conflito com o modelo de competência da família que é a favor de e dá recompensas para o aprendizado.

Há várias formas nas quais surgem conflitos de identificação, e a conseqüência da maior parte deles é que a criança termina com um ideal de competência rejeitado e sem um ideal de competência adequado para guiar o seu crescimento. Se, no caso de um garoto, ele é vitima do pai que, sistemática e sarcasticamente, ataca os esforços de seu filho em se sair bem em algo, ou de outro pai que, como um "terapeuta", esquadrinha o caminho do filho ao longo da vida, o resultado é que as crianças falham em desenvolver o sentido de que elas podem prevalecer por meio de seus próprios esforços.

Finalmente, há questão da liberdade frente ao impulso excessivo. Há boas evidências de que quanto mais forte o incentivo para a aprendizagem, mais ela é estreitada, tornando-a menos genérica, no sentido de ser menos transferível. Onde o aprendizado é dominado por fortes recompensas e punições extrínsecas, ele se torna específico às exigências de uma tarefa de aprendizado em particular. É quase universal a observação dos pais de que há um período de pressão em quase todas as crianças no que diz respeito à carreira escolar quando o bloqueio funcional da criança a torna "funcionalmente estúpida". A pressão constante deste tipo não produz somente um estreitamento e o bloqueio transitório, mas pode ter o efeito de manter ativo alguns dos processos primitivos do início do aprendizado citado anteriormente – ou mesmo levar a criança a regredir a processos mais primitivos ainda porque a extensão da ação, o afeto e os pensamentos são fundidos em uma metáfora preemptiva, uma questão à qual retornaremos.

O que é uma metáfora preemptiva e quais condições parecem favorecer seu domínio? Ela representa um princípio da organização cognitiva complexo ao invés de conceitual.[2] A organização é centralizada nos conceitos afetivos como "coisas que podem machucar", dentro

---

2 Veja L. S. Vigotsky, *Thought and Language*, ed. e traduzido por Eugenia Hanfamann e Gertrude Vakar (New York; John Wiley & Sons, 1962) e especialmente o trabalho de Rose R. Olver em Bruner, Olver, Greenfield et al., *Studies in Cognitive Growth*.

dos quais qualquer coisa potencialmente perigosa pode ser incluída. Para a aceitação do critério de tal conceito, utilizamos a regra solta da sinédoque, na qual partes podem representar o todo. Deixe-me ilustrar com dois exemplos de nossos arquivos.

Em certo caso, lidávamos com um rapaz de quatorze anos com severos bloqueios de aprendizagem. Ele tinha um QI estimado de 125, com notas sempre decrescentes e muito abaixo do que se podia esperar de alguém com tal inteligência. E, além disso, em raras ocasiões, ele demonstrou suas capacidades através de uma melhora aguda em seu trabalho, seguida então por uma regressão. Sua mãe era a figura dominante na família, e quando ela e o marido eram estudantes do ensino médio, antes do casamento, ela o auxiliava em seus estudos. A irmã do garoto, a "estudiosa" da família, está agora na mesma posição no que diz respeito ao garoto. Para o garoto, aprender é, em certo grau, um ato de feminilização e, em parte, de rejeição e hostilidade contra o pai.

Angus Strong, para utilizar seu nome clínico, mostra uma preocupação com lesão e ferimentos corporais.[3] A diversidade de objetos e eventos que poderiam causar ferimentos, na medida em que ela agia em sua fantasia, era muito grande e compreendia muitos aspectos do seu trabalho escolar. Ele não gostava de frações, por exemplo, e não conseguiu trabalhar prontamente com elas, pois as enxergava como números cortados. A operação elementar de cancelamento na álgebra simbolizava, para ele, o ato de "assassinar números e letras de cada lado do sinal de igual". Incitado a extrapolar a partir de três pontos descendentes em um gráfico, ele desenhou uma linha através e levemente superior e além dos pontos, traçando então uma linha descendente com uma queda aguda: "isso não pode subir desta forma ou então, com certeza, explodirá e cairá novamente". Ou "cuidado com esta caneta, ela tem uma ponta afiada", e depois, "este pedaço de madeira é perigoso porque você pode afiar a ponta e ela pode machucar você".

O que Angus parecia fazer era varrer seu ambiente a procura de algo que pudesse estar relacionado ao seu tema central de lesão-retribuição. Uma vez que ele encontrava isso, incorporava o objeto em um tipo de

---

[3] Para um relato clínico completo veja M. A. Wallach, D. N. Ulrich e Margaret B. Grunebaum, "The relationship of Family Disturbance to Cognitive Dificulties in a Learning-problem Child," *Journal of Consulting Psychology*, 24:355-360 (1960).

fantasia sobre como evitar se machucar ou controlar a possibilidade de se ferir ao invés de ser ferido.

A organização do conceito "o-que-irá-me-machucar" tem uma qualidade caótica, mas só parece ser assim. Percebe-se, prontamente, que estava baseado numa metáfora sem limites, cuja função era garantir a Angus não "perder nada que possa machucá-lo ou levá-lo a machucar outras pessoas por quem sente hostilidade". É este tipo quase cancerígeno de crescimento de uma metáfora preemptória que é a base do tipo de aprendizado que sustenta a defesa e torna o enfrentar virtualmente impossível.

Pelo tempo que esta organização for denominada por uma exigência interna tão alta – não perder de vista qualquer coisa que possa ser perigosa para não ser surpreendido por ela –, é difícil ganhar o distanciamento necessário para tratar novos materiais e tarefas em seus próprios termos, livre contexto formado pelo impulso peremptório ao qual ele aderiu.

Deixe-me contrastar esta amostra de comportamento de Angus com as reações de um grupo de crianças de doze anos, da sétima série do Ensino Fundamental, em uma aula de aritmética – crianças que observamos sistematicamente durante anos. Perguntados sobre o que eles mais gostaram em aritmética naquele ano, a resposta da maioria foi "frações". Uma criança disse: "há várias coisas que você pode fazer com frações". Então, enquanto Angus estava bloqueado na significação metafórica das frações como sendo "cortar algo", crianças com idade semelhante ganhavam senso e domínio, baseadas em *insights* deliciosos sobre as equivalência de 1/2, 2/4, 3/6 e n/2n. Mas isso não é tão simples, porque há grandes diferenças em como as crianças normais enfrentam as questões sobre frações – sua vontade de reconhecer a generalidade das séries apenas mencionadas e sua prática em tais generalidades.

Parece haver pelo menos duas formas nas quais as metáforas preemptórias operam na criança com bloqueio. Uma delas é descrita como "assimilação". Uma vez que um objeto ou evento está relacionado a uma metáfora preemptória defensiva, ele é assimilado às fantasias e "age" relacionado à metáfora. O novo objeto ou evento, então, reage da velha e estabelecida forma neurótica. Uma segunda forma na qual a metáfora preemptória opera é por meio da negação.

Uma vez que um evento "combina" com a metáfora preemptória, ele é "evitado", retirado da mente, "ignorado em alta medida". Deixe-me ilustrar o último padrão por meio da referência ao caso de Dick Kleimann, um de nossos jovens pacientes, em tratamento dos doze aos quinze anos.

A família de Dick foi dominada durante os seus primeiros anos de vida por um pai que aliviava seu sentimento de inadequação depreciando e punindo Dick por falhar em cumprir padrões excessivamente além do que seria razoável esperar de um garoto da sua idade – refino ao comer, capacidade razoável, etc.

O pai sofria de uma doença cardíaca crônica, mas Dick não foi informado porque seus pais temiam que a informação pudesse chegar até o empregador do pai de Dick. Tudo o que Dick sabia era que ele não devia fazer barulho quando seu pai estivesse por perto, não perturbá-lo e, acima de tudo, não deixá-lo contrariado. Dick nasceu após as outras crianças da família já estarem crescidas. Ele era um "acidente", e sua mãe se ressentia dele por sua dependência em relação a ela, uma dependência que ela cultivava. Houve episódios na infância de Dick em que ele teve de se separar repentinamente de sua mãe; ela fora hospitalizada e, uma outra vez, enviada a parentes porque sofreu uma cirurgia ortopédica.

Duas irmãs consideravelmente mais velhas, que haviam se casado ainda durante a infância de Dick, tomaram o papel de mãe dele, cada uma a seu tempo. O trabalho escolar dele era indiferente de início e os professores reclamavam da falta de atenção. Quando completou onze anos, era aparente que estava ficando cada vez mais para trás, tinha poucos amigos e estava freqüentemente com um humor depressivo.

Na medida em que seu décimo segundo aniversário se aproximava, ele iniciou a terapia. Logo depois, seu pai faleceu em decorrência de um problema cardíaco; Dick não recebera qualquer aviso.

Para Dick, perguntar ou demonstrar curiosidade ativa, em contraste com a aceitação passiva, levava à punição, ao escárnio, ao desprezo, à agressividade ou às brigas. Suas tentativas de "compor um quadro" foram freqüentemente descartadas de forma sarcástica pelo pai. A atitude depreciativa do pai era reforçada pela mãe, que o tratava como incompetente em relação às atividades da escola.

Ela me disse, no primeiro encontro que tivemos, após me tornar tutor de Dick: "Você realmente acredita que pode fazer alguma coisa com ele?" Em sua família, Dick não tinha nem modelos lúdicos ou de competência, nem alguém que pudesse auxiliá-lo a desenvolver uma atitude livre e flexível frente ao aprendizado. De fato, a atitude da família frente ao conhecimento era mesmo falha por causa de um curioso "deixar para lá" não palatável e não mencionável. A criação de uma atmosfera de coisas indizíveis e impensáveis – doença do pai, problemas de saúde da mãe, o casamento de uma prima com um homem com o qual a família apresentou restrições etc. acompanharam Dick. Ele parecia o garoto mais apático. Sua abordagem em relação à aprendizagem parecia não ter qualquer objetivo de domínio. Ao invés disso, ele procurava registrar o que disseram a ele ou o que foi lido e fazia pouco esforço para organizar essas informações ou ir além. Alguns exemplos ilustrarão o que digo. Sua aula de biologia havia tratado da fotossíntese e nossa sessão estava marcada para aquela tarde. Eu perguntei a Dick o que é fotossíntese. Seu relato foi deturpado; a virtude dele era que obviamente havia memorizado as principais palavras e frases ditas pelo professor para descrever este processo. Então, perguntei se ele achava que tinha entendido o assunto e ele respondeu que sim. Eu disse que contaria minha versão sobre o assunto e veríamos se elas combinavam. Realizei um relato ainda mais falsificado, utilizando as mesmas frases chaves que ele utilizou. Quando terminei ele sinalizou positivamente com a cabeça, indicando que havia entendido e tentou passar para o próximo tópico.

O restante do nosso encontro teve o intuito de dar a ele um quadro simples do que é fotossíntese, para que ele realmente entendesse, além de fazer isso de uma forma que lhe assegurasse que o esforço para entender não seria contemplado com ironia ou sarcasmo.

Ele reagiu de uma forma que se tornou típica: elaborando e retornando ao material que ele agora se atrevia a tentar entender, sendo extremamente dependente do suporte do tutor, na medida em que ele tentava dominar o material.

Uma sessão de "confecção de sentenças", como havíamos denominado, providencia o segundo exemplo. Sentenças pobremente construídas deveriam ser reescritas para que ficassem menos ambíguas e mais compactas. Os esforços de Dick valiam pouco, as sentenças rearranjadas por ele não eram melhores e, freqüentemente, ainda mais opacas do que as do livro de exercícios. Novamente, com mesmo procedimento, foram dados a ele exemplos simples para que não entrasse em pânico. A tempo, ele teve uma idéia: leria o original em voz alta e depois sua revisão, para ouvir se a segunda sentença "tinha mais sentido do que a primeira". Uma imagem feliz emergiu durante o curso de tudo isso. Quando ele foi bem-sucedido pela primeira vez em uma sentença simples, eu fiz como se tivesse ligado um botão em sua testa. "Você vê, é como apertar o botão de ligado, então você faz isso como acabou de fazer agora". Ele respondeu com uma risada de consentimento. Alguns dias mais tarde ele disse: "mas como saberei que fiz a sentença certa quando a fizer em casa?" Eu sugeri que ele me telefonasse todo dia de manhã durante a semana seguinte, antes de ir para a escola; e disse que eu poderia ouvir, mas não corrigir o trabalho dele. Por uma semana, ele foi meu despertador. Mas, um dia, antes de nossa sessão semanal, realizamos nosso ritual do telefone quase como se fosse uma piada. Ele havia dominado a tarefa com sobra.

No caso de Dick, como eu indiquei, a atividade de aprender e o questionamento mental foram aprisionados em uma metáfora preemptória, a atividade de pensar sobre o desconhecido e novos eventos.

Tal atividade levava tanto à conseqüências perigosas quanto à punições. A estrutura metafórica que guiava sua atividade defensiva incluía o aprendizado, o questionamento, a curiosidade e a argumentação. Aprender testava o direito de sua mãe de dominá-lo, renovava seu medo hostil do pai, lembrava a possibilidade de falha e perda. A solução foi manter isso suprimido, sob mordaças. O que seu tutor fez foi tornar mais fácil para ele descobrir que aprender não era perigoso e não evocava respostas punitivas ou sarcásticas.

Diferente de Angus, Dick não havia assimilado atividades perigosas em um contexto de fantasia. Ao invés disso, seu padrão não era o de evitar ou negar – encontrou técnicas para rondar o aprendizado que poderia, com efeito, manter a perigosa atividade de entrar na estrutura de seu pensamento. Tanto as tarefas de assimilação quanto as de escape defendem de forma altamente custosa. Cada uma delas requer um constante esquadrinhamento do ambiente para o que possa ser relevante ao cerne do conflito que é a fonte do problema. O resultado é uma preocupação altamente distrativa: crianças com esta dificuldade perdem uma boa parte do que está acontecendo porque elas estão absortas em pesquisar o mundo a procura de perigo. Não é surpreendente, então, que os professores freqüentemente relatem que estas crianças não mantêm a atenção ou que elas nunca participem das discussões de classe. Nossas crianças em tratamento muitas vezes perdiam a unidade seguinte – tanto do ponto de vista literal quanto por não entender a proposta do material – e nos ocorreu que talvez o tempo máximo em que a preocupação e a defesa ocorrem aconteça quando as crianças aprendem novos materiais e em situações desconhecidas, como no momento de novos conhecimentos. Há, porém, um fator que opera na distração destas crianças. Isso tem, em uma medida considerável, relação com a natureza do conflito que acentua as suas dificuldades.

Considere agora a origem dos bloqueios de aprendizagem. A criança com um bloqueio de aprendizagem é um caso clássico de um duplo cego: ela está perdida se conseguir e o mesmo ocorre se falhar. Se ela falha na tarefa escolar, ela sofre na escola e em casa; se ela é bem-sucedida, sofre em casa e sozinha. Deixe-me providenciar alguns exemplos típicos. Uma criança tem uma irmã mais nova com Síndrome de Down, um fato que a família tem grande dificuldade em admitir para si mesma. A atenção da família está voltada para o progresso incerto da irmã mais nova, e uma grande pressão é imposta ao garoto de doze anos para que tome conta de si mesmo e aja por conta própria. Na sua visão, ter sucesso na escola (e seu QI é adequado para isso), significa ter menos atenção dos pais. Além disso, a mãe disse para a assistente social que "se Tony fosse bem na escola não teríamos que nos preocupar com ele". "Nós já temos muito com que nos preocupar". Desta forma, sucesso significa a perda de uma relação de dependência muito amada. Por outro lado, se ele falhar na escola, será tratado com dureza em casa por sua falha, mas, de qualquer forma, terá alguma atenção dos pais.

Ambos, sucesso e fracasso, estão sobrecarregados com dificuldades. No caso do outro garoto, aprender é um instrumento para controlar e contra-atacar seus pais, embora a criança não esteja consciente disso; e há, naturalmente, uma boa dose de ansiedade anexada ao desempenho escolar. Quando ele se confronta com a idéia de crescer, ele parece perder mesmo este controle sobre os pais. Ou, no caso de Dick, os perigos de aprender são equilibrados pelo prazer em casa, mas também pelo sentido de que sua mãe ainda continue a tratá-lo como seu bebê. A fuga do aprendizado satisfaz as demandas defensivas, mas isso também conduz a problemas.

Finalmente, com Angus, sua falha na escola é quase uma precondição para a paz na situação familiar, uma condição para a sua auto-identificação como homem, sendo que, para ele, os homens não são bons na escola e as mulheres devem auxiliá-los.

Não é surpreendente que o aprendizado se torne tão seqüencial para estas crianças nas quais as atitudes lúdicas e a visão em perspectiva não tenham se desenvolvido normalmente. Ainda assim, o que tinha que ser patente – e particularmente para aqueles que têm crianças em idade escolar – é que, em alguma medida, a ligação dupla é o empenho de cada criança que cresce em nossa sociedade. Talvez existam duas ou três coisas que fazem a diferença em crianças que se tornam vítimas disso. A primeira é o prazer da intensidade. A ligação é tão apertada nestas crianças que um drástico comportamento defensivo finalmente emerge. Eu estou inclinado a acreditar que o segundo maior fator é a ausência de uma adequada figura de competência com quem a criança se identifique. Todos os nossos casos eram com garotos, e a maior parte dos casos clínicos também é.

Pais não efetivos e aqueles que expressam uma fúria impotente não fornecem um modelo trabalhável para o domínio, o que foi mostrado por Barbara Kimball há uma década atrás. Assim, também os todo-poderosos pais que rejeitam e demandam tanto que só a oposição sobra como alternativa. Identificação fornece a modelação ou padronização que leva a criança a enfrentar ao invés de defender. No entanto, nem a intensidade da ligação dupla nem a indisponibilidade de um modelo de competência para identificação parece ser uma explanação suficiente. Todas as crianças que temos visto mostram um histórico de falta de consciência do que estavam fazendo – não importando se o padrão é a assimilação ou a fuga.

O bloqueio de aprendizagem não é uma questão de rebelião e recusa do ato de estudar ou ir as aulas. As crianças observadas falharam em seu trabalho, mesmo quando elas tentaram – e, em alguns casos (como o de Dick), tentar era a pior prescrição. O que quer que seja que o "inconsciente" signifique, essas crianças estavam operando nesta direção. Com efeito, isso acumulava, eu suponho, uma série de operações cognitivas que prevaleciam na ausência de controles conscientes. A qualidade preemptiva de tal metáfora defensiva parece o marco de tal inconsciência.

Para ser correto, muitos dos pensamentos comuns são metafóricos e, seguramente, Wittgenstein nos ensinou, em nossa geração, a não utilizar regras estritas de caracterização como critérios para julgar o pensamento diário. Mas é a ausência da consciência ou da avaliação "lógica" que permite a metáfora defensiva crescer como uma metástase cancerosa. Na ausência de tais avaliações, é virtualmente impossível a desnaturalização ou a deslibidinização do aprendizado. Em casos severos, o defender se torna tão habitual que é quase impossível realizar progressos terapêuticos rápidos para substituir o defender pelo enfrentar no que concerne ao aprendizado escolar.

Considere agora a natureza da terapia. Em qual extensão o progresso terapêutico reflete o tipo de processo que eu tenho descrito? Deixe-me dizer, de início, que não acredito em experiências longitudinais com crianças. Ainda assim, sou obrigado a tecer pelo menos algumas considerações e deixar aqueles com mais experiência julgar sua pertinência aos problemas gerais da terapia com crianças. Pareceu-nos, em primeiro lugar, que a terapia com nosso grupo de crianças necessitou de mais do que um trabalho intrapsíquico por meio de material proveniente do inconsciente. Apenas trabalhando o todo, particularmente se algum *insight* tivesse que ser atingido e as limitações da consciência auxiliadas na contenção da atividade defensiva, que descrevemos uma metáfora preemptiva. Além disso, a tutoria foi também fator crucial no auxílio às crianças no aprendizado do enfrentar. Isso teve papel decisivo, primeiro ao habilitar a criança para estabelecer uma situação de aprendizado livre da ligação dupla. Levemos em consideração o garoto de onze anos que em uma de suas primeiras sessões disse ao tutor que tinha medo de cometer erros ao ler, porque a professora gritava com ele. O tutor perguntou se a professora gritava muito alto e, ao ser assegurado que sim, ele disse que poderia gritar mais alto que a professora e pediu ao paciente que cometesse um erro na leitura para que comprovasse. Assim fez o garoto e o tutor, com uma voz sarcástica, gritou o mais alto que pôde. O garoto pulou. O tutor disse para o paciente "ela pode gritar mais alto do que isso?" O paciente disse: "sim, muito mais". "Erre de novo e eu tentarei gritar mais alto". O jogo se sucedeu por três ou quatro vezes, e o tutor sugeriu que o paciente tentasse gritar quando o tutor cometesse o erro. O tutor era o doutor Michael Maccoby. Após algumas sessões, uma relação lúdica foi construída sobre os erros na leitura; o início da transferência já estava disponível. O garoto logo fora capaz de ter satisfação com as habilidades que havia dominado.

Os episódios da "formação de sentenças" e a reação de Dick a elas foram similarmente relevantes. Apoiar a relação de dependência até um ponto – aquele onde Dick tinha que fazer a tarefa de revisão de sentenças sozinho e julgar se seu desempenho estava correto ou não, o tutor o apoiou emocionalmente – teve o efeito de levar Dick através da linha até o aprendizado intrínseco. Houve episódios comparáveis em álgebra, onde a idéia do desconhecido a ser descoberto o perturbava. Uma vez que isso foi modificado para um jogo que realizávamos, seu entendimento sobre álgebra cresceu sozinho. A biologia era a próxima área, e novamente a terapia com o tutor fluiu do suporte à emoção inicial para a autopropulsão. Para ser exato, progressos foram alcançados ao mesmo tempo em que se trabalhava a situação familiar e os conflitos intrapsíquicos de Dick. Ainda assim, foi observável em alta medida a forma na qual, uma vez que a tensão foi reduzida tanto por meio de terapia convencional quanto por terapia implícita do suporte dado pelo tutor, a criança inicia a realização e a obtenção de um sentimento de recompensa de tal competência, na medida em que ele administra o seu estabelecimento. Se a relação de auxílio permanece intacta, a competência pode ser estendida e o tipo de enfrentar necessário à tarefa se inicia de fato.

O tutor, como figura de identificação, torna-se importante – de forma crescente – em tudo isso, pois oferece um modelo de enfrentamento por meio da demonstração de que problemas são tão solúveis quanto inofensivos – ou, quando não solúveis, pelo menos não serão a fonte de desastre ou punição.

No final, então, nós também estávamos impressionados pela aguda diferença entre enfrentar e defender.

Quando a criança estiver à altura das exigências nas tarefas apresentadas a ela, o padrão de defesa pode ruir. Havia pouco em comum entre as duas abordagens.

O que podemos concluir sobre enfrentar e defender? O que parece claro para mim é que há uma profunda descontinuidade entre os dois, não somente em relação aos objetivos, mas também na natureza dos processos envolvidos. Defesa dominada pela necessidade de localizar o que seja que possa produzir ruptura excede o seu objetivo, incluindo, em seu alcance, qualquer coisa que possa ser reconhecida como perigosa. Não limitada por processos conscientes, a defesa opera por meio do uso da metáfora ilimitada e preemptiva – literalmente um tipo de culpa por associação que, sob forte estresse, finalmente implica muito do mundo do paciente como sendo potencialmente perigoso para que ele verdadeiramente se imobilize. Esse é o denominado modo inconsciente.

Parece altamente improvável que, por si só, "o inconsciente" possa ser uma fonte tão criativa de pensamento. O mais provável é que somente quando os processos metafóricos passam ao controle consciente em algum grau é que eles podem servir como função útil do enfrentamento dos problemas – o que, em anos recentes, foi denominado "regressão a serviço do ego".

O que parece ser necessário para um crescimento adequado para as exigências da solução de problemas é uma "neutralização" da atividade intelectual das demandas imediatas por ação, afeto e necessidade instintiva. Nós sugerimos que tal neutralização dependa da criança para conseguir as condições necessárias para desenvolver o lúdico, ter um modelo de competência adequado disponível e a experiência da recompensa intrínseca a partir da elevação da competência que pode iniciar a disparada para um aprendizado "por conta própria". Isto produz enfrentamento.

Há uma forma de romantismo pedagógico que relata uma excitação inconsciente, impulsos criativos das crianças como auxílio ao aprendizado. Seria bom ter cautela sobre tal doutrina. Como Laurence Kube e outros têm afirmado, impulsos inconscientes não limitados pela consciência e pelo sentido de diversão podem ser bem contrários à criatividade.

Freqüentemente, temos como certo que os processos que levam ao funcionamento cognitivo efetivo são meras extensões de sonhos inconscientes e associação. Eu não acredito que esse seja o caso, e uma leitura mais detalhada de Freud certamente indicaria que ele também não acreditava nisso. O "processo primário" do pensamento infantil seguramente não era – para Freud – a base para seqüência, mais "voltada para o mundo do processo secundário".

Em resumo, enfrentar e defender não são, na minha opinião, processos do mesmo tipo que diferem em intensidade. Eles são tipos diferentes. O que impõe o eterno desafio ao professor é o conhecimento de que os processos metafóricos podem, quando colocados sob os limites da resolução consciente dos problemas, servir aos interesses do funcionamento saudável. Sem estas limitações, eles resultam no declínio incapacitante proveniente da especialização em defender.

Capítulo 8

Um Retrospecto Sobre o Fazer e o Julgar

Nos ensaios anteriores, tentei explorar a relação entre dois empreendimentos, cada um deles suficientemente difícil por si só. Um é o curso do desenvolvimento intelectual, o outro a pedagogia. No ensaio introdutório, esbocei como me envolvi em tal empreitada. Há uma década, quando iniciei este trabalho, parecia óbvio para mim, como também para os outros, que esses dois domínios tinham que estar relacionados. E minha esperança era que, a seu tempo, a relação pudesse se tornar clara para mim. De fato, os vários ensaios deste livro foram tentativas de trazer alguma ordem ao inquietante problema da relação entre a pedagogia e o desenvolvimento intelectual – como um poderia assistir ao outro.

O que é certo nos capítulos anteriores é que as questões a serem enfrentadas são muito mais amplas do que aquelas convencionalmente contidas naquilo que denominamos "educação" ou "criação das crianças".

Nossa matéria é o meio de transmissão da cultura – suas habilidades, valores, estilo, tecnologia e sabedoria – e como, na transmissão, ela produziria seres humanos mais efetivos e satisfeitos. Podemos obter alguma perspectiva sobre a questão examinando a evolução de tal transmissão?

É claro que é impossível reconstruir a evolução das técnicas de instrução no período sombrio entre os primórdios do hominídeo e o homem atual. Tentei compensar isso por meio da observação de analogias contemporâneas de formas ancestrais, sabendo muito bem que a busca por esta analogia pode ser perigosamente mal interpretada. Passei muitas horas observando filmes sem corte sobre o comportamento de babuínos livres, realizados no leste da África por meu colega, o professor Irven DeVore, com um tempo amplo dedicado aos filhotes e aos espécimes jovens. Tive acesso aos arquivos dos filmes não editados de um povo caçador-coletor que vive sob duras condições ecológicas análogas: os !Kung selvagens de Kalahari, gravados por Laurence e Lorna Marshall, brilhantemente auxiliados por seus filhos John e Elizabeth. Eu trabalhei também de forma direta, mas informalmente, com os Wolof do Senegal, observando crianças na floresta e em escolas de estilo francês. Ainda mais valioso do que minhas observações informais no Senegal foram os experimentos sistemáticos realizados mais tarde, por minha colega Patricia Marks Greenfiled.[1]

Deixe-me descrever resumidamente algumas diferenças nos padrões livres de aprendizagem dos babuínos imaturos e entre as crianças !Kung. Os babuínos têm uma vida social altamente desenvolvida nas suas tropas, com padrão de domínio estável e bem organizado. Eles vivem em um território protegendo-se de predadores pela ação conjunta dos adultos machos mais fortes. É espantoso que o comportamento dos babuínos jovens seja moldado, principalmente, através de jogos com seu grupo de amigos. Os jogos dão a oportunidade de expressar-se espontaneamente e de praticar os atos que o compõe e que, na maturidade, serão orquestrados no comportamento tanto do macho dominante quanto da fêmea protetora dos filhotes. Tudo isso parece ser realizado com pouca participação dos animais adultos nos jogos dos jovens. Sabemos, a partir das importantes pesquisas de Harlow e seus colaboradores, quão devastadora a interrupção no desenvolvimento pode ser quando produzida em primatas subumanos por meio da interferência na oportunidade de jogo em grupo e interação social.[2]

Entre humanos caçadores-coletores, há interação *constante* entre adulto e criança, adulto e adolescente e criança. Os !Kung adultos e as crianças jogam e dançam juntos, sentam juntos, participam de pequenas caçadas juntos, cantam e contam histórias juntos. Em intervalos freqüentes, portanto, crianças participam de rituais presididos por

---

[1] Veja o capítulo do Dr. Greenfield em Bruner, Olver, greenfield et al., *Studies in Cognitive Growth* (New York: John Wiley & Sons, 1966).
[2] H. Harlow e Margaret harlow, " Social deprivation in Monkeys." *Scientific American,* November 1962.

adultos – em menor proporção da cerimônia do primeiro corte de cabelo ou, de forma freqüente, quando o garoto mata seu primeiro Kudu e passa orgulhoso pelo processo de escarificação. Crianças, além disso, brincam constantemente imitando rituais, implementos, ferramentas e armas do mundo adulto. Contrariamente, babuínos jovens quase nunca brincam com objetos ou imitam diretamente seqüências longas e significantes do comportamento adulto.

Note, entretanto, que em vários metros de filme sobre os !Kung não se vê, virtualmente, um exemplo de "ensino" tendo lugar fora da situação onde o comportamento a ser aprendido fosse relevante. Não há um ensino como nós concebemos, pois ninguém ensina de fato.

Não há nada semelhante a uma escola ou lições. De fato, entre os !Kung, há pouco do ato de "contar". A maior parte do que denominamos instrução é realizada através de demonstração. Não há prática ou exercícios como aqueles realizados na forma de brincadeiras modeladas diretamente dos modelos adultos – brincar de caçar, liderar, trocar, cuidar do bebê ou construir uma casa. No final, cada homem e mulher, na cultura, sabem quase tudo o que há para saber no lidar com a vida – as habilidades, os rituais, os mitos, as obrigações e os direitos.

Em contraste, a instrução de crianças em sociedades mais complexas é multifacetada. Primeiro, há conhecimentos e habilidades em excesso na cultura para que qualquer indivíduo o saiba. E assim, crescentemente, há o desenvolvimento de uma técnica econômica de instrução do jovem baseada, pesadamente, no *contar* fora do contexto, ao invés de mostrar o contexto. Nas sociedades letradas, a prática tornouse institucionalizada na escola e pelo professor. Ambos promovem esta forma abstrata necessária de instrução para o jovem.

O resultado de "ensinar uma cultura" pode, na pior das hipóteses, levar ao ritual e à rotina sem sentido que conduziu uma geração da crítica ao desespero, porque nas escolas, fora do contexto, o que é concedido freqüentemente tem pouca relação com a vida como ela é vivida na sociedade técnica. Porém, estas demandas indiretamente impostas podem ser a característica mais importante desta escola deslocada.

Desta forma, a escola é afastada profundamente da prática indígena. Isto leva o aprendizado, como já notamos, para fora do contexto da ação imediata apenas pelo ato de colocá-la na escola.

Este desengajamento faz que o aprendizado se tornasse um ato em si, liberto dos fins imediatos da ação, preparando o aprendiz para a cadeia de considerações remotas em relação à recompensa necessária para a formulação de idéias complexas. Ao mesmo tempo, a escola (se bem-sucedida) liberta a criança do ritmo que é próprio dela, podendo então ser um dos grandes agentes para a promoção da reflexão. Além disso, na escola é preciso "seguir a lição", o que significa que é preciso tanto a abstração do discurso escrito – abstrato no sentido de que é divorciado da situação concreta na qual a fala poderia originariamente ser relacionada – ou a abstração da linguagem transmitida oralmente, mas fora do contexto de uma ação em andamento. Ambos são usos da linguagem altamente abstratos.

Não é surpresa, então, que muitos estudos recentes relatem grande diferença entre as crianças "primitivas", que estão nas escolas, e seus irmãos, que não estão – diferenças na percepção abstrata, perspectiva de tempo etc. eu só preciso citar o trabalho de Biesheuvel, na África do Sul,[3] Gay and Cole na Libéria,[4] Greenfield no Senegal, Macoby e Modiano na zona rural do México e Reich entre os esquimós do Alasca.[5]

Não devo realizar uma pausa neste ponto para considerar o que está envolvido nas duas primeiras formas de se tornar um organismo crescido – tanto a do babuíno quanto à do indígena em desenvolvimento. O último teve atenção na literatura sobre sua cultura e personalidade.

Mesmo assim, há pouco esforço despendido na tentativa de entender de forma decente e detalhada como o jovem homem, digamos, aprende realmente não só a caçar, mas a reconhecer a mistura necessária de técnica e ritual – aprende o padrão de divisão tão bem quanto o ato de caçar. Alguns povos, por exemplo, têm regras soberbas sobre como a carne deve ser dividida após a caçada – o que é a sua parte, o que pertence a sua comunidade etc.[6] A polidez é tão funcional quanto sutil. Pouco se sabe sobre como isso é transmitido. Nós também não entendemos muito bem como a porção "não ensinada" da nossa cultura é transmitida.

---
3 S. Bisheuvel, " Psychological tests and Their application to Non-european Peoples," in the Yearbook of education (London: Evans Brothers, 1949) p. 87-126.
4 J. Gay and M. Cole, " Outline of General Reporto n Kpelle Mathematics Project", mimeografado, n.d.
5 In Bruner, Olver, Greenfield, et al., *Studies in Cognitive Growth.*
6 Mais informações sobre veja em : Lorna Marshall, " The !Kung Bushmen," in James Gibbs, *The peoples and Cultures of África* (Boston: Houghton Mifflin, 1965); Elizabeth Marshall Thomas, *The Harmless People* (New York: knopf, 1959), e o filme The Hunters, feito por john Marshall e disponível no Peabody Museum of Harvard University.

Chegamos finalmente à consideração das dificuldades e dos problemas, que se encontra e que deriva das técnicas educacionais inerentes à "terceira via" – ensinar contando o contexto da ação. Eu tentei considerar estes fatos no capítulo "Notas sobre a teoria da instrução" e retornei ao problema específico da motivação em "Sobre a vontade de aprender". Aqui gostaria de ser muito mais específico em relação à experiência de criar um currículo tentando no ensinar e realizando um esforço para avaliar tal coisa. Por um estranho acidente histórico, faço parte do pequeno grupo de acadêmicos que tem e sustenta a experiência, como um colega afirmou, de ir de Widener a Wichita – da primeira pesquisa na biblioteca ao lançamento oficial do currículo. Eu não fiz nenhuma exigência especial pela centralização de tópicos que desejo considerar agora, mas penso que eles são típicos do que se enfrenta na tentativa de introduzir uma nova perspectiva teórica no cotidiano das operações escolares.

Por conveniência, deixe-me rotular os problemas: a psicologia de um conteúdo, como estimular o pensamento na escola, como personalizar o conhecimento e como avaliar o que alguém está fazendo.

| A PSICOLOGIA DO CONTEÚDO |

Conteúdos são invenções de sociedades altamente letradas. Eles podem ser concebidos como formas de pensar acerca de certos fenômenos. A matemática é uma forma de pensar sobre a ordem sem referências ao que está sendo ordenado. As ciências comportamentais oferecem um ou talvez vários meios de pensar sobre o homem e a sociedade – sobre regularidades, origens, causas e efeitos. Eles são, provavelmente, especiais (e suspeitos) porque permitem ao homem olhar para si mesmo de uma perspectiva exterior a si mesmo e além de suas próprias preferências – pelo menos por um momento, um instante.

Reforçados como a forma de pensar de uma disciplina, há um conjunto de proposições generativas conectadas implicitamente variáveis, como a conservação de teoremas ou axiomas de geometria ou as regras de análise associativa, distributiva e comutativa são agora muito explícitas. Nas ciências comportamentais, nós temos que estar satisfeitos com o alto grau de implicitude. Nós transitamos nas proposições indutivas, por exemplo, que as diferentes atividades de uma sociedade estão interconectadas de tal forma que, se você conhece algo sobre a resposta tecnológica de uma sociedade ao ambiente, você será capaz de fazer inferências sobre seus mitos ou coisas que ela valoriza. Nós utilizamos a ferramenta do contraste significante, como em lingüística, na descrição da territorialidade de um bando de babuínos para nos ajudar a organizar o sistema de trocas recíprocas de um grupo humano; o primeiro, de alguma forma, provoca a consciência sobre o último.

Nada é mais importante em uma disciplina do que sua forma de pensar. Não há nada mais importante no seu ensino do que dar à criança, o mais cedo possível, a oportunidade de aprender esta forma de pensar – as formas de conexão, de atitudes, de esperanças, de brincadeiras e de frustrações provenientes dela. Em resumo, a melhor introdução a um conteúdo é ele mesmo. Desde o primeiro momento, o jovem deve ter a chance de resolver problemas, conjecturar, discutir, como se estas situações formassem o cerne da disciplina. Então, você perguntará: como isso pode ser feito?

Aqui, novamente, há o problema da conversão. Há formas de pensar características de diferentes estágios de desenvolvimento.

Nos ensaios anteriores, muito foi dito sobre os modos enativo, icônico e simbólico de representação das idéias – particularmente em "Notas sobre a teoria da instrução". Na criação de um curso, o problema de encontrar incorporação de idéias nestes modos é, claro, central às idéias da "psicologia do conteúdo". Portanto, esta psicologia é muito próxima do conteúdo em si e quando se fala em psicologia da matemática conclui-se ser um empreendimento tão próximo da matemática quanto da psicologia. Para tanto, não importa se uma idéia matemática encontra expressão em uma ou outra notação – esta ainda tem que ser uma notação "verdadeira".

Um sistema notacional pode ser mais poderoso do que outro, como já comentado, ou mais apositivo às habilidades de uma criança de determinada idade. Mas, em cada um dos exemplos, a matemática tem que ser decente. O que o psicólogo pode fazer é auxiliar a inventar meios de expressar as idéias da melhor forma para que se encaixem às necessidades do aprendiz. Pode-se, por exemplo, ensinar muito das mesmas idéias matemáticas na forma icônica espacializada (como no diagrama de Venn) ou de forma proposicional (como com a utilização de tabelas de afirmação). O que equivale a dizer que é possível "visualizar" a afirmação "se a então b" com um circulo a dentro de um círculo maior b. Ou pode-se "simbolizar"isso por meio da afirmação:

(a e b) é verdadeiro
(a e não-b) é falso
(não-a e b) é verdadeiro
(não-a e não-b) é verdadeiro

Ou, para colocar isso em linguagem comum, deixemos (a $\supset$ b) valer por:

Se chover, as calçadas ficarão molhadas.

Agora as quatro formas da tabela de afirmações ficam da seguinte forma:

Chuvas e calçadas molhadas são possíveis.
Chuvas e calçadas não molhadas são impossíveis.
Ausência de chuva e calçadas molhadas são possíveis.
Ausência de chuva e calçadas secas são possíveis.

Cada modo tem sua virtude, visto do aspecto matemático. Na psicologia da matemática, a tarefa é delinear as virtudes dos dois modelos (e sua interação) do ponto de vista do aprendiz ou daquele que se utiliza da matemática.

Em nosso curso para o estudo do "ser humano", há versões do conteúdo apropriado a uma determinada idade ou estágio de aprendizagem que pode, em faixas etárias posteriores, gerar uma reprodução mais potente ou mais simbólica.

Tentamos escolher estes tópicos com isso em mente: a análise do parentesco que se inicia com as crianças utilizando palitos, blocos e cores, além de outros materiais semelhantes para representar suas próprias famílias, vai o diagrama de parentesco convencional por meio de um caminho sinuoso, e então para análises mais formais e potentes dos componentes. O mesmo ocorreu com o mito. Nós iniciamos com o excitamento de um mito potente (como o mito de Nuliajik dos Netsilik), então fizemos que as crianças construíssem alguns mitos por conta própria, para então examinar o que o conjunto de mitos Netslik têm em comum, o que finalmente nos leva à análise de Lévi-Strauss das características contrastantes na construção do mito.[7] Nossa dificuldade com a "psicologia das ciências do comportamento" foi não haver pesquisas para nos guiar. O senso comum de "como resolver algo" nos livros de matemática ou nos trabalhos mais sofisticados de matemática heurística não tem contrapartida. De fato, tivemos de construir este campo na medida em que adentramos, e freqüentemente em uma forma *ad hoc* que poderia, provavelmente, não suportar um escrutínio mais próximo de nossos colegas mais exigentes. Consolamo-nos com o pensamento de marinheiros naufragados que não se preocupam com as opiniões dos engenheiros navais quando construíram os barcos para fuga.

| PENSAMENTOS NA SALA DE AULA |

Considere agora nosso segundo problema: como estimular o pensamento na escola. Nós sabemos, a partir de estudos experimentais como os de Bloom e Broder[8] e de Godnow e Pettigrew,[9] que há uma grande diferença na ação de um indivíduo que pensa que a tarefa ante ele representa um problema a ser resolvido, e não que ele seja controlado por forças aleatórias. A escola é uma subcultura peculiar, onde tais questões são de interesse. Em idade escolar, crianças aguardam demandas sem sentido, do ponto de vista delas, feitas pelos adultos, resultado, provavelmente, do fato de adultos freqüentemente falarem em reconhecer a tarefa de conversão necessária para fazer que suas questões tenham algum significado intrínseco para a criança. As crianças, claro, tentarão resolver os problemas se os reconhecerem como tal. Freqüentemente, no entanto, elas não estão predispostas ou têm habilidades para encontrar o problema e reconhecer a característica conjectural escondida nas tarefas apresentadas a elas. Agora, porém, sabemos que as crianças

---

[7] Claude Lévi-Strauss, *Strauss, Structural Anthropology*, tradução de Claire Jacobson e Brooke Grundfest Schoepf (New york: basic Books, 1963).
[8] B. S. Bloom e L.J. Broder, *Problem Solving processes of College students* (Chicago: University of Chicago Press, 1950).
[9] J.J. Goodnow e T.F. Pettigrew, " Effect of Prior Patterns of experience on Strategies and Learning Sets, " *Journal of Experimental Psychology,* 49: 381-389 (1955).

na escola podem ser rapidamente levadas a encontrar tais problemas por meio do encorajamento e da instrução.

A necessidade de instrução, o encorajamento e seu sucesso relativamente fácil se relacionam, suspeito, com o que os psicanalistas chamam de suspensão da liberação da culpa do processo primário e sua substituição pública por processos secundários.

As crianças, assim como os adultos, necessitam da reafirmação de que não há problemas de se ocupar e expressar idéias altamente subjetivas, de tratar a tarefa como um problema onde você inventa uma resposta ao invés de encontrar uma nos livros ou no quadro negro. Com as crianças na escola de Ensino Fundamental há, freqüentemente, a necessidade de construir jogos especiais emocionalmente vívidos, episódios de confecção de histórias ou a construção de projetos para estabelecer, na mente da criança, seu direito não só de ter suas próprias idéias, mas de expressá-las no palco público da sala de aula.

No entanto, há outra dificuldade talvez mais séria: a interferência do extrínseco com a resolução intrínseca do problema. Crianças mais jovens na escola despendem tempo e esforço extraordinário, imaginando que é isso que os professores querem – e geralmente chegam à conclusão de que ela ou ele quer asseio ou que se lembrem ou que façam coisas de determinada forma e de certas maneiras. É a isso que me refiro nos capítulos anteriores, como na resolução de problemas extrínsecos. Há grande quantidade disso na escola. Existem muitos meios diretos para estimulação da resolução de problemas. Um é formar os professores para que queiram isso, o que ocorrerá com o tempo. Porém, os professores podem ser encorajados a gostar disso, tornando interessante o suficiente para providenciar para ele e para seus alunos com materiais e lições que permitam legitimar a resolução do problema. Desta forma, exercícios com tais materiais criam uma atmosfera de tratar as coisas como exemplos do que poderia ter ocorrido ao invés de simplesmente como ocorreu.

Deixe-me ilustrar com um exemplo concreto. Uma quinta série estava trabalhando na organização dos bandos de babuínos – neste dia, em particular, especialmente em como eles poderiam proteger-se contra predadores. Eles assistiram a uma pequena seqüência de um filme, na qual seis ou sete adultos machos vão à frente para intimidar e atrasar três guepardos. O professor perguntou o que os babuínos fizeram para manter os guepardos longe, e houve uma discussão ardorosa de como os machos adultos dominantes – mostrando suas formidáveis bocas cheias de dentes e realizando gestos ameaçadores – fizeram o truque. Um garoto levantou a mão e perguntou se os guepardos sempre atacavam em grupo. Sim, embora um único guepardo possa seguir atrás de um bando em movimento e apanhar o mais velho, mais fraco ou um babuíno mais novo descuidado e perdido.

"Bem, o que aconteceria se quatro guepardos, aos pares, atacassem pela frente e pela retaguarda. O que os babuínos fariam então?" A questão poderia ser respondida empiricamente, e seria o final da discussão. Guepardos não atacam desta forma e, assim, não sabemos o que os babuínos poderiam fazer. Felizmente, não foi assim. A pergunta suscitou questionamentos profundos sobre o que poderia ou não ter acontecido.

Há uma relação necessária entre predadores e presas que dividem um nicho ecológico? Os adversários têm que se dar uma "chance justa"? É tal conjectura, neste caso difícil de responder, que produz um comportamento racional, autoconsciente em relação a achar o problema tão crucial para o crescimento do poder intelectual. Dados os materiais, algum encorajamento e experiência, os professores gostam disso tanto quanto os estudantes.

Para isolar a maior dificuldade, eu diria que enquanto foi dada vida e direção a um corpo de conhecimento por meio de conjecturas e dilemas que avivaram e sustentaram seu crescimento, os alunos não têm um senso correspondente desta conjectura ou dilema. A tarefa do profissional que confecciona o currículo e do professor é providenciar exercícios e ocasiões para este crescimento. Se somente os materiais e conteúdos são pensados, pode-se facilmente negligenciar o problema. Acredito que seja precisamente devido à instrução, que toma uma forma de retirar a ação do contexto, que a dificuldade emerge. Essa é uma armadilha da instrução pela "terceira forma". A resposta é a estrutura dos exercícios em conjectura, nas formas de questionamento, no levantamento e na resolução dos problemas.

Isso é algo que o bom professor faz pelo menos algumas vezes. Com o auxílio dos exercícios e conjecturas provenientes dos profissionais que confeccionam o currículo, os professores da Educação Básica trabalharão na maior parte do tempo.

|A PERSONALIZAÇÃO DO CONHECIMENTO|

Agora me deixe tratar de um terceiro problema, um que é particularmente importante em estudos sociais: a personalização do conhecimento, captando os sentimentos, as fantasias e os valores das crianças para as lições aplicadas.

Há algum tempo, o movimento progressivo afirmava que o conhecimento estaria relacionado às próprias experiências das crianças e tornava visível o domínio das abstrações vazias. Uma boa idéia foi traduzida para banalidades sobre o lar, o carteiro amigo e o lixeiro, passando pela comunidade, e assim por diante. Em um meio pobre, para competir com os dramas e mistérios próprios das crianças.

Clyde Kluckhohn escreveu um premiado livro popular sobre antropologia com o título *O Homem No Espelho*. De alguma forma, há um extraordinário poder neste "espelho que outras civilizações ainda mantêm para o reconhecimento e o estudo... a imagem de nós mesmos".[10] As bases psicológicas do poder não são óbvias. Seriam, como no aprendizado da discriminação, em que o elevado grau de contraste auxilia no aprendizado da discriminação, ou como nos estudos de agrupamento dos conceitos, no qual o exemplo negativo define o domínio de uma regra conceitual? Ou são algum tipo de identificação primitiva? Tudo isso não leva em conta o que parece surgir freqüentemente em nossas entrevistas com as crianças. Elas são a experiência do descobrimento do parentesco e da proximidade com o que, no início, parece ser bizarro, exótico e mesmo um pouco repelente.

Considere agora dois exemplos, ambos provenientes do filme de Netsilik. Nos filmes, uma família (Zachary, Marta e o filho de quatro anos, Alexei) são acompanhados por um ano – caça às focas na primavera, pesca no verão no dique de pedra, caça às renas no outono, pesca através de buracos no gelo, o grande cerimonial do iglu. As crianças disseram que, no início, os três membros da família pareciam estranhos e rudes.

Com o tempo, eles se tornaram normais e, eventualmente, como quando Marta encontrou o graveto para segurar os cabelos, as garotas disseram como ela era bonita. Isso é superficial – ou pelo menos parece. Porém, considere um segundo episódio.

---

10 Claude Lévi Strauss, Smithsonian Centennial Lecture, Washington, D.C. September 1965.

O que ocorreu teve relação com Alexei; com o auxílio de seu pai, ele arma uma armadilha e apanha uma gaivota. Há uma cena em que ele bate com uma pedra na gaivota até sua morte. Nossas crianças assistiram com horror. Uma garota, Kathy, impulsivamente disse "ele nem mesmo é humano, fazendo isso com a gaivota". A classe ficou em silêncio. Então, uma garota, Jennine, disse calmamente: "ele crescerá e será um caçador. Sua mãe estava sorrindo quando ele estava matando a gaivota". E então seguiu-se um longo discurso de como as pessoas têm de fazer as coisas para aprender como sentir de forma apropriada. "O que você faria se tivesse que morar lá?" "Seria tão inteligente para sobreviver como eles?" Um garoto disse, voltando-se à acusação de que Alexei não agira com humanidade ao matar o pássaro.

Desculpe-me porque é difícil dizer isso de forma clara. O que estou tentando afirmar é que para personalizar o conhecimento não se pode ligar isso simplesmente para se tornar familiar uma circunstância de um caso mais geral e, portanto, produzir a consciência disso. O que as crianças estavam aprendendo não era sobre os esquimós ou focas, mas sobre seus próprios sentimentos e concepções que, até aquele momento, eram por demais implícitos para serem reconhecidos por eles.

Talvez exista outra rota para a personalização do conhecimento, uma que repelirá alguns acadêmicos. Deixe-me propor uma visão. Nossa sociedade se tornou crescentemente urbana, e é característico da vida urbana certa proteção devido ao anonimato.

Nossas grandes áreas metropolitanas não possuem somente problemas com vandalismo e com a renovação urbana em seus centros, mas a crescente ausência de vergonha e distanciamento proveniente da vida suburbana das periferias. A estreita ligação de uma família ampliada formada por avós e tias solteiras das pequenas cidades e fazendas está quase extinta. Para a classe média – que é crescente, graças à distribuição desigual da riqueza – há um distanciamento proveniente de forças imediatas e trágicas na vida, um distanciamento reforçado pela enorme urgência cosmética de nossa mídia de comunicação de massa, nossos anunciantes, nossa verdadeira influência. Podemos sofrer uma perda da nossa riqueza moral na periferia de nossas cidades.

No centro, em nossas favelas, o problema é bem diferente e, em curto termo, mais sério: o problema é a perda da esperança. Por que um menino negro do Harlem deve considerar a escola um veículo de salvação? Para ele, a escola é uma proposição alienígena e abstrata. O que ela tem a ver com ele, sua vida e suas aspirações?

Ainda que nos preocupemos com a falta de esperança na cidade e o provincianismo suburbano, uma particular capacidade humana que se sobrepõe a estes dois problemas não parece diminuir: o senso do drama, a misteriosa ferramenta pela qual representamos mais vivamente a amplitude da condição humana. Levei um grupo de garotos de quatorze anos para assistir Peter Ustinov, no filme Billy Budd. A intensidade da discussão sobre a filosofia moral, no caminho de volta para casa, convenceu-me de que nós superestimamos um dos nossos maiores aliados na manutenção do nosso engajamento na história, na vida humana e na filosofia. O drama, a novela, a história tornam-se, com auxílio épico de sua patronesse, a deusa Clio, embutidas no paradoxo da escolha humana na resolução de alternativas. Elas são, no melhor dos sentidos, estudos sobre as causas e conseqüências da escolha.

É na firmeza de sua qualidade, na sua proximidade com a vida que podemos, eu diria, tornar pessoais os dilemas da cultura, suas aspirações, seus conflitos e seus terrores. Eu proporia que devemos examinar novamente o atuar no drama, o uso do teatro, a avaliação do mítico, do trágico e do cômico nas suas mais poderosas expressões. De forma considerável, podemos intelectualizar, tornar desinteressante e de boa natureza o ensinar de particularidades da História, da sociedade e do mito. Eu afirmaria que a forma de instrução moldada para dar à criança uma visão das diferentes faces e condições do homem pode ser considerada como um potente impulso para representar a condição humana no drama e, portanto, o drama da condição humana.

Assim como conceitos e teorias servem para conectar os fatos da observação e do experimento nas disciplinas convencionais do conhecimento, os grandes temas dramáticos e as metáforas dão uma base para organizar o senso do homem, para ver o que é persistente em história e condição para introduzir algumas unidades na dispersão do nosso conhecimento, na medida em que ele tem relação conosco.

| AVALIAÇÃO |

Vamos tratar de um problema inicialmente abordado na discussão da educação como uma invenção social – a questão da avaliação.

O comentário feito foi que um currículo era freqüentemente avaliado após aqueles que os projetaram finalizarem o trabalho e ensacarem as suas barracas. Essa tem sido nossa dolorosa conclusão, a de que se a avaliação tiver como objetivo auxiliar, ela deve ser realizada para oferecer retroalimentação em tempo e forma que podem ser úteis na estruturação de novos exercícios e materiais.

Mas não é óbvio qual é o tempo certo ou qual forma de informação é a mais útil. Encontrei-me suficientemente confuso após um ano ou dois de trabalho na construção de currículos para sentir a necessidade de estabelecer regras ou uma "filosofia" de avaliação. Eu marquei diretamente em um memorando, que se seguiu a um encontro que tinha como objetivo explorar o problema da avaliação do curso de estudo.

1. *A avaliação é melhor entendida como uma forma de inteligência educacional que guia a construção do currículo e a pedagogia.* Quanto antes o esforço de inteligência na operação curricular tiver início, mais provavelmente ele será útil. Uma avaliação efetiva fornece informação corretiva, mas também deve dar hipóteses sobre como proceder.

2. *Além disso, o plano é iniciar a coleta de informações úteis como um guia para o planejamento do currículo.* Para estruturar um curso sobre a História da América é útil que o professor saiba as concepções históricas das crianças que serão instruídas: quais são as concepções deles das causas e efeitos históricos, do tempo histórico, as idéias deles sobre revolução etc. De forma alguma tal levantamento determina os materiais específicos a serem utilizados, mas isso pode demonstrar problemas instrucionais que devem ser resolvidos.

3. *A avaliação, para ser efetiva, tem, em certos pontos que ser combinada com um esforço para ensinar, de forma que as crianças respondam a um processo particular de ensino que possa ser avaliado.* A avaliação deve examinar não só o produto ou conteúdo do aprendizado, mas também um processo pelo qual a criança obtém ou

falha em obter o domínio de materiais, porque somente nesta forma a eficácia da pedagogia pode ser examinada. O conteúdo não pode ser divorciado da pedagogia, pois é ela que leva a criança a tratar o conteúdo de forma crítica para desenvolver e expressar suas habilidades e valores. A entrevista instrucional, da qual falaremos depois, foi estruturada precisamente para avaliar como as crianças se apropriam dos materiais e como elas usam os materiais para pensar.

4. *A avaliação pode ser útil somente quando há um grupo totalmente dedicado, uma equipe completa consistindo de um acadêmico, um perito em currículo, o professor, a avaliação e os estudantes.* Sua efetividade é drasticamente reduzida quando ele é utilizado para uma proposta única, digamos, de editar um capítulo, fazer um filme ou produzir um texto. Pois o currículo é algo em equilíbrio, que não pode ser desenvolvido primeiro pelo conteúdo, depois para o método de ensino, passando em seguida aos auxílios com o visual e, finalmente, para alguma outra característica em particular. A essência da avaliação é que ela permite uma modelação geral dos materiais e métodos de instrução em uma forma que vai ao encontro das necessidades dos estudantes; os critérios do acadêmico de cuja disciplina os materiais derivam e as necessidades do professor que procura estimular certas formas de pensamento em seus estudantes.

5. *A avaliação, em sua natureza, é mais provável de criar suspeita e preocupação na educação convencional onde ela tem uma história que não é apropriada à prática presente aqui discutida.* A avaliação é freqüentemente vista como um teste de efetividade ou não – dos materiais, dos métodos de ensino ou do que quer que seja –, mas esse é um aspecto de menor importância. O mais importante é fornecer inteligência sobre como melhorar as coisas. Muitos peritos em currículo e professores também sabem que os resultados da avaliação convencional podem ser grandemente afetados pela natureza dos testes utilizados.

Há, geralmente, alguns testes que podem ser criados para mostrar que um dado currículo "funciona". Talvez por esta razão os testes têm pouco efeito sobre a confecção do currículo, mesmo nas raras ocasiões quando o anterior é colocado em função do presente. É crucial descobrir uma relação adequada de trabalho entre o avaliador, o perito em currículo e o professor, de forma que eles possam se beneficiar das atividades um do outro.

6. *Um dos objetivos importantes para qualquer avaliação do estudo deve ser para descobrir como isso pode ser feito.* Nossa experiência sugere que a chave pode ser o planejamento e a comunicação diárias da equipe que confecciona o currículo, incluindo um acadêmico, um professor, um avaliador e os estudantes. Nós também aprendemos que isso é freqüentemente a melhor parte da sabedoria de estruturar o currículo como um guia para a preparação da última edição, ao invés de utilizar como base para polir a versão presente do currículo. Uma avaliação mais próxima é para o final do processo, o mais completo teste de um produto completo, com tudo que implica uma atitude defensiva e vaidosa.

7. *Em períodos determinados, a avaliação tem que estruturar a instrução como um meio de provar e desenvolver habilidades intelectuais gerais.* Estas habilidades não são próximas e imediatamente relacionadas para qualquer assunto em particular, mas preferivelmente para todos. Tal habilidade é a utilização de documentos; outra é o processo de fazer inferências na base de informações mínimas; ainda outra é o desenvolvimento do senso de responsabilidade para as implicações que se deve tirar. Em tais casos torna-se necessário para o avaliador trabalhar em conjunto com especialistas, na medida em que ele necessita assegurar se as habilidades em questão foram apropriadamente desenvolvidas. Com freqüência, tais habilidades são, quando não desenvolvidas, os obstáculos reais do aprendizado de materiais substantivos.

8. *Um currículo não pode ser avaliado sem consideração ao professor que está lecionando e o estudante que está aprendendo.* A idéia de avaliação do material feita pelo professor ou pelo estudante não é somente errada, mas também danosa. Há algumas razões óbvias, e outras não tão óbvias, para esta conclusão. Os professores podem aproveitar ou inutilizar os materiais por meio de suas atitudes frente a eles e seus procedimentos pedagógicos – freqüentemente exercitados mais implicitamente do que explicitamente. Não importa quão bem o material possa ser apresentado pelos profissionais que confeccionam o currículo; ele pode não ser entendido pelo professor e pelos alunos, produzindo, no final, um desentendimento geral. Um currículo, embora represente um corpo de conhecimento, é, por definição, seqüencial e não pode ser avaliado sem levar em consideração a sua seqüência natural. Além de descrever isso fora do contexto do ensinar, nós quase sempre falsificamos o mesmo por meio do sumário sinóptico. Aprender e ensinar, finalmente, são processos que dependem de uma ligação contingente entre a fonte de ensino e o aprendiz. Por todas estas razões, os professores e os estudantes são membros indispensáveis da tarefa de avaliação.

9. *A avaliação do currículo, para ser efetiva, deve contribuir para a teoria da instrução.* Se isso não ocorre, se a operação serve somente para reportar o que estudantes ou professores dizem ou não, com o intuito de fornecer resultados inespecíficos de sucesso ou falha, então não contribui aos objetivos da empreitada educacional. Estes objetivos estão centrados no problema de auxiliar o desenvolvimento dos seres humanos de forma a utilizarem seus potenciais para alcançar uma boa vida e realizar contribuições efetivas para a sociedade. Quando se perde o foco no objetivo, ambos, educação e avaliação, tornam-se estéreis. A tarefa de entender como os seres humanos, de fato, podem ser auxiliados no seu aprendizado e desenvolvimento é a tarefa central da teoria da instrução

e das técnicas de avaliação que derivam dela, da mesma forma que a prática da medicina deriva das ciências médicas. Enunciar uma série de diretrizes é fácil; implementá-las nem tanto. Algumas doenças podem ser tratadas de forma veloz. Nós podemos, pelo menos, modificar o nome da operação, porque "avaliação" não tem o espírito do que foi proposto no memorando. Desta forma, aqueles entre nós que trabalharam na avaliação do curso sobre o ser humano se referiam à operação como "pesquisa instrucional". Mas, um ano depois, dois membros perceptivos do "grupo de pesquisa instrucional", como ele passou a ser denominado, poderiam escrever: "Um ramo para avaliação de qualquer organização é suspeito. Mesmo a corte suprema nem sempre é capaz de se manter longe de problemas".[11]

Os tratamentos rápidos e cosméticos da modificação dos nomes não funcionam. Além disso, a fonte de suspeitas está, suspeito, na ausência de entendimento da natureza da avaliação – ou por qualquer outro nome que isso possa ser chamado.

Deixe-me dizer algumas palavras sobre como os procedimentos têm que ser utilizados – algumas vezes com considerável efetividade – tornando certos nossos progressos pedagógicos.

O primeiro, e talvez o mais útil, procedimento criado foi o da entrevista instrucional já mencionada. É a instrução, realizada individualmente ou com um pequeno grupo, que tem como seu objeto não simplesmente ensinar, mas também fornecer informação sobre como as crianças aprendem com determinados materiais, habilidades e como nós podemos auxiliá-los. A entrevista instrucional é uma tutoria na qual os materiais e a pedagogia são testadas por um professor entrevistador proficiente, não somente com os materiais substantivos, mas também com os processos cognitivos das crianças. As mesmas são entrevistadas repetidamente em várias sessões; para eles, isso é uma forma de instrução. O que é particularmente valoroso sobre esta forma de entrevista é que ela permite um colóquio a ser desenvolvido entre professor, acadêmico e avaliador – com o avaliador sendo capaz de voltar-se às crianças para descobrir o que os acadêmicos ou professores necessitam saber para dar o próximo passo.

---

11 Margaret Donaldson e Mary Henle, " Instructional Research: A Self-Examination Packet," educational Services, Inc., *Social studies program,* 1965.

Deixe-me dar um exemplo, retirado de algumas entrevistas sistemáticas realizadas por um membro do grupo de pesquisa instrucional.[12] No processo de preparar a unidade sobre a diferença entre a adaptação biológica, através de modificações morfológicas e adaptação cultural por meio de modificação tecnológica, descobrimos uma falha importante em um bloco. As crianças entenderam muito rapidamente a idéia de adaptação – mas não em termos de espécies. "No verão, meu pé endurece na sola porque eu ando descalço", afirma uma das crianças ao professor. Parece ser fácil ir do conhecimento intuitivo e pessoal de adaptação à idéia das espécies se adaptando ao seu nicho biológico; mas, de fato, não é. Para isso, é preciso adicionar ao quadro de idéias as variações ao acaso nas espécies, a seleção natural que depurou estas variações e todo o resto à medida que os acadêmicos entram no pensamento darwiniano, muito fácil para ser verdadeiro. No final, o aviso das entrevistas instrucionais não somente nos pouparam de um problema, mas apontaram para a necessidade de lidar com a adaptação de uma forma biologicamente mais compreensível.

Verificamos que outra forma de entrevista seria necessária para auxiliar na operação de inteligência. Ela é estruturada especificamente para o estudo das operações lingüísticas das crianças expostas ao nosso material – todos os fatores que poderiam afetar a compreensão do material escrito e das discussões evocadas por estes materiais. O estudo mais revelador destes fatores foi realizado em conexão com uma classe de segundo ano do Ensino Médio da cidade de César.

Foi uma projeto de quatro semanas de *Educational Service Incorporated* que tratava da crise romana de 49 a.C., durante a qual César decidiu cruzar o Rubicon, marchar para a Itália e mostrar seu poder a Pompéia. Os materiais do curso foram uma seleção das cartas de Cícero. Os primeiros dez capítulos, ou pouco mais do que isso, escritos por César sobre os comentários da guerra civil e um resumo sobre "os bastidores", selecionados de escritos de Plutarco, Suetônio, Lucano e Políbio – todos em inglês, é claro. Adicionalmente, há um mapa da península itálica e a coleção de *slides* feitos expressamente para o curso por Jim Burke da revista *Life* e ao professor classicista Gerald Else de Michigan, seguindo o caminho da marcha de César de

---

12 Estou em dívida com a sra. Marilyn Clayton pelo exemplo.

Ravenna a Brindisi. O método de ensino é socrático, envolvendo uma leitura próxima e crítica de textos, mapas e quadros. A "tentativa" de curso em que uma avaliação piloto foi experimentada foi realizada em forma de seminário com seis estudantes de sétima e oitava séries das escolas públicas de Boston. O seminário, conduzido pelo Professor Richard Emmelt Junior, da Browne e Nichols School, em Cambridge, foi realizado diariamente com duração de uma hora, cinco dias por semana, por quatro semanas. As observações lingüísticas e os experimentos foram realizados pelo professor David McNeill, então professor da Universidade de Harvard, agora em Michigan.[13] McNeill coloca o problema de forma sucinta:

> "A habilidade básica que suporta todas as outras é a leitura crítica. 'Crítica' não é o nome que quero dizer, mas sou incapaz de pensar em algo melhor. Leitura crítica não é o mesmo que leitura fluente. Ela é, no entanto, algo como a capacidade de ver a conotação das sentenças. O leitor crítico vai além do que o material literalmente se refere e percebe que a sentença é relevante a um domínio maior. Minha afirmação é que o paralelo entre a leitura crítica e o ajuizamento formal são muito próximos. Os conteúdos literais das sentenças são premissas; as conotações são as conclusões. O problema para o estudante que poderia se tornar um leitor crítico é tratar as sentenças como premissas das quais deve-se retirar as conclusões; um problema que tem como complicador o fato de que proposições em sentenças raramente são arranjadas de forma silogísticas. Além disso, não há nada na sentença que dispare esta realização de conotação; então, a dificuldade de alertar os estudantes para a conotação é formidável."[14]

---

13 Veja R. S. Emmett, Jr., " Report on the Caesar Unit," Occasional paper #1, March 1965, Educational Services, Inc., Cambridge, Massachussetts e David McNeil, "Some Linguistic Skills for History Students," Occasional Paper #2, March 1965, Educational Services, Inc., Cambridge, Massachussetts
14 McNeill, "Some Linguistic Skills," p. 11.

McNeill ilustra o que disse tomando uma sentença e mostrando a riqueza de sua conotação: "Vários contingentes de Pompéia juntaram-se a César e outros, aumentando a força de sua cavalaria". Nada direto é dito sobre a lealdade das tropas de Pompéia, nem há regras gramaticais infalíveis que denotam conotações deste tipo.

O que McNeill fez foi apresentar o conteúdo a seus estudantes na classe por meio de afirmações diretas e familiares a eles para, então, responderem a uma série de questões sobre as conotações destas frases. Sua conclusão não nos preocupa aqui – que crianças de onze e doze anos não podem, salvo no caso de exemplos bem simples, usar sentenças escritas como premissas, a partir das quais eles estruturam conclusões conotativas. O interessante é o estilo e a natureza da pesquisa. Como o que aprendemos são os problemas que se encontram no lidar com materiais que são "falados" ao invés de "mostrados", e, neste caso, falado na forma escrita ao invés de na forma oral.

Há muito a ser feito não somente para elucidar os problemas de tal instrução, mas também na estruturação de medidas para contrabalançar deficiências. Seria possível estimular um salto conotativo, dando às crianças a chance de praticar isso na forma de jogos? "Se a afirmação seguinte for verdadeira, quantas afirmações seguintes também poderão ser verdadeiras? Quantas delas são com certeza falsas?"

Um ponto final sobre a questão da avaliação; ela tem a ver com a "mensuração" no clássico senso psicométrico e a relação de tal teoria da mensuração. O comentário já foi feito anteriormente – mesmo nestas páginas – que a mensuração segue o entendimento. Se nós temos senso do que vale a pena medir, poderemos mensurar melhor. Há atualmente um sentido pragmático de como, em ampla escala, a medida do sucesso de um determinado currículo – ou mesmo de como ele se sai em determinada região ou para um grupo particular de estudantes. O pragmatismo um dia será convertido em uma forma mais sistemática de procedimento, e este dia chegará mais cedo se nós levarmos a sério a tarefa de construir uma teoria da instrução.

Os ensaios que compõem este volume foram agrupados nesta direção. Eles são imperfeitos devido à falta de dados bibliográficos, pouca observação sistemática e arsenal de ferramentas analíticas esparso. O próximo quarto de século provavelmente será o primeiro no qual a escola e o ensinar serão objetos de escrutínio sistemático e cuidadoso. Existe um espírito de renovação no país e verbas tornam-se disponíveis.

Seria banal, porém, encerrar esta obra repetindo a frase banal de que mais pesquisas são necessárias. Claro que são necessárias, embora o mais importante talvez seja o levantamento de novas hipóteses que não considerem correto aquilo que se tornou habitual. Eu só espero que, na busca a uma teoria da instrução, tenhamos a coragem de reconhecer o que não entendemos e nos permitir um olhar novo e inocente.

POR DENTRO DA SALA DE AULA
MARCOS GARCIA NEIRA

208 páginas P&B
Capa cartonada a cores
Formato: 14 x 21cm
ISBN 85-86702-99-4

O objetivo maior desta publicação é convidar todos os profissionais e estudantes envolvidos com educação a uma (re)análise do cotidiano pedagógico, tendo em vista a transformação do olhar. Deixemos de focar os conhecimentos transmitidos, passemos a insistir na formação; despreocupemo-nos do comportamento dos alunos, pois talvez seja melhor entendê-lo como respostas às nossas aulas; e, por fim, insistamos naquilo que dá sentido ao nosso trabalho: a coerência de princípios entre o que se pretende, como se faz e o que e como se avalia.

EDUCAÇÃO FÍSICA DESENVOLVENDO COMPETÊNCIAS
MARCOS GARCIA NEIRA

272 páginas em PB
Capa cartonada
Formato: 14 x 21cm
Isbn: 85-86702-72-2

A obra apresenta os fundamentos de uma nova proposta pedagógica para o desenvolvimento das aulas de Educação Física nas escolas, incorporando a cultura corporal como um componente do processo de formação humana.

Ensina jogos, brincadeiras, esportes ou ginásticas sem deixar de lado os fundamentos de uma ação educativa, visando o desenvolvimento de competências para uma atuação cidadã, responsável pela compreensão de fenômenos, domínio da linguagem, resolução de problemas, argumentação e participação solidária.

Para isso, é necessário que o profissional de Educação Física, responsável por ministrar as aulas nessas escolas, organize seu plano didático de atividades, enquadrando-se dentro das necessidades de integrar essas atividades com o conteúdo pedagógico escolar.

Na obra, o autor traz a transformação de antigos costumes para a elaboração das atividades de aula, atualizando-os para os novos padrões de inserção da cultura corporal junto ás atividades pedagógicas, de forma organizada e respeitando o desenvolvimento dessas competências para a formação dos cidadãos.